知出版

作者序 1

出書一直都是我人生 Bucket list 裏面其中一項，但從沒想過竟然會出一本旅遊書，更沒想過，這本書竟然是介紹台北的。

移居台灣已經五年了，生活早已上了軌道，對台灣的日常也已經習以為常。這次因為要寫書，重新走進台北的大街小巷，用心發掘每個角落的景點美食，反而重拾了以前來台灣旅遊的新鮮感和好奇心。

這本書是我們花了兩個多月的時間，全心全意投入的成果。我們放下原有工作，實地走訪了超過 100 個地方，從中選出我們認為值得推薦的景點美食分享給大家。從銅板美食到 Fine Dining；靜態觀光到動態玩樂；無論是獨旅、情侶、親子還是家族旅行，各種內容我們都盡力兼顧。

書中很多都是近幾年才開幕的餐廳和景點，也有一些是我們覺得不能錯過的台北傳統景點美食。我們沒有為了湊版面而硬塞不值得推薦的內容，這本書所介紹的，我們都親身體驗過，並且用我們最真實的感受為大家介紹。

有「伏」那些已經篩走，希望各位在本書能挑選到適合你的景點美食。

希望這本書不但方便大家規劃行程，更能讓你感受到台灣美好的面貌，感受到我們對台灣的喜愛。

歡迎大家來台灣旅遊，祝你有個平安順心，充滿美好回憶的旅程。

士多貓
Alan

作者序 2

士多貓本貓，遜遜（左）和正正（右）。

我本來只是我，但從五年前開始，「士多貓」成為我的代名詞，有時候在路上聽到有人叫「士多貓」，就會不自覺回頭張望，是叫我嗎？

士多貓其實是我兩隻貓咪的乳名，與牠們相遇是多年前在 Facebook 上，貓義工貼出牠們的照片，寫着「士多貓 B 開放領養」。牠們的媽媽是士多店貓，貓義工順理成章先替牠們暫名「士多貓」。

士多貓是如何由貓的名字變成我的代名詞呢？

這要追溯到 2020 年，我和 Alan 決定帶着兩隻貓咪移居台灣，我們開始在網絡上找尋帶貓到台灣的資訊，但是公開資料不多，可幸得到一些移民前輩的幫忙，讓我們不至迷茫。

某天我們忽發奇想：不如拍 YouTube？把帶貓移台過程拍下來，說不定能幫到其他有需要的人，也順便記錄這段移民過程的點滴，留待將來回味。

忘記了是如何從隨口說說變成落實執行，只記得我們靠着一部 iPhone 拍攝，用稚嫩的剪接手法，建立了名為「士多貓」的 YouTube 頻道，並上傳了第一條影片。

就這樣，我們以「士多貓」之名展開了一段奇幻旅程，在旅途上得到許多從沒想像過的機會：替台灣各縣政府拍攝旅遊影片、獲邀參加雙十節晚宴、達到十萬訂閱⋯⋯回頭才發現原來走了這麼遠的路，如今還寫了一本台北旅遊書！（人生清單上又完成了一件事！）

當編輯問：「作者名字想用甚麼？」我們毫不猶豫地選擇了「士多貓」，因為這一切都是從這個名字而來，也是我們與兩隻貓咪正正和遜遜一起走過的旅程，當然還有各位訂閱者的陪伴。

對於擁有的機會，我們心懷感恩認真去做。為了讓這本旅遊書內容更豐富，有整整兩個月我們不停走訪台北新北多個景點和餐廳，有些店是我們的愛店，一再回訪；也有些去了之後覺得一般般，也就果斷放棄不放進書裏。

希望大家感受到這份用心，喜歡書中的介紹，跟着士多貓玩台北！

士多貓
Joys

目錄

2 作者序

6 分區地圖

8 最新遊台須知

12 ▶ 大同區

44 ▶ 中山區

76 ▶ 大安、松山區

106 ▶ 中正區

126 ▶ 萬華區

138 ▶ 信義區

154 ▶ 士林、北投區

166 ▶ 淡水區

186 ▶ 八里區

194 ▶ 特集：新商場巡禮

200 ▶ 特集：橫掃夜市

214 ▶ 特集：特色手搖

222 ▶ 特集：親子同樂

230 ▶ 特集：素食養生

三芝區
淡水區
p.166
北投區
p.154
八里區
p.186
士林區
p.154
五股區
盧州區
內湖區
大同區
p.12
中山區
p.44
松山區
p.76
三重區
泰山區
萬華區
p.126
中正區
p.106
大安區
p.76
信義區
p.138
新莊區
板橋區
永和區
樹林區
中和區
文山區
土城區
新店區

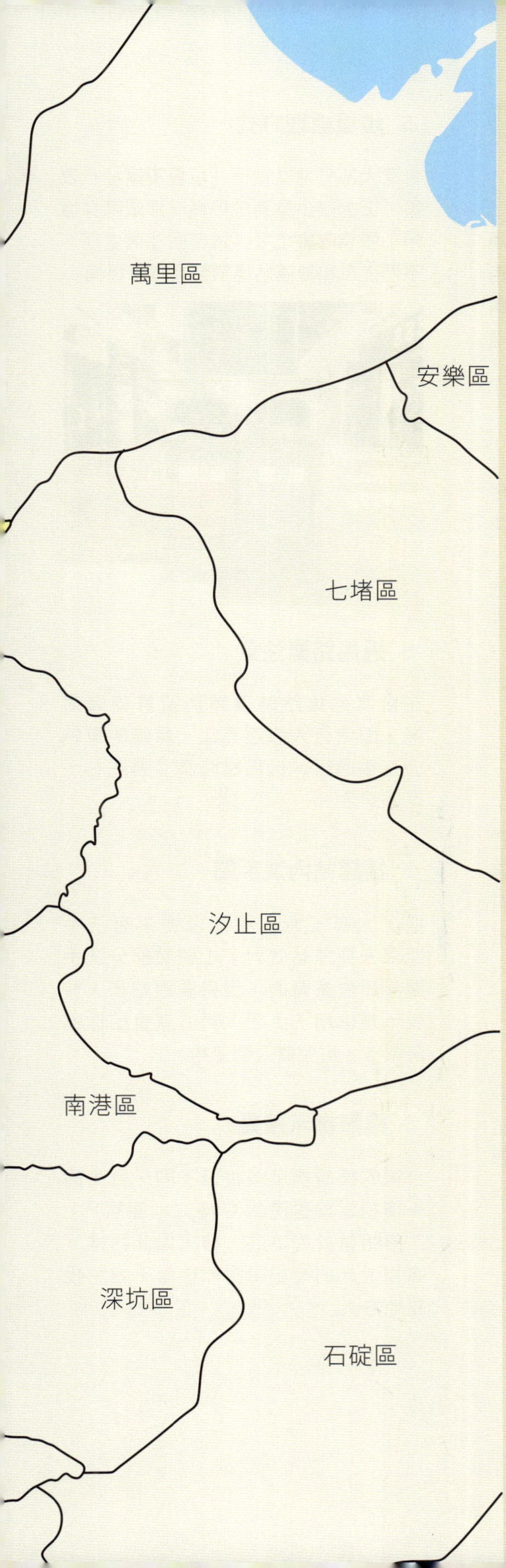

台北捷運路線圖可掃描下方 QR code。

台灣旅遊 10 個實用小貼士

1 環保住宿政策

台灣自 2025 年起實施環保住宿，酒店或民宿不主動提供即棄個人衛生用品，包括梳子、牙刷、牙膏、刮鬍刀、刮鬍膏及浴帽等，如有需要，需自行購買，或向櫃台索取。

2 發票兌獎

在台灣購物消費後會獲得統一發票（俗稱「發票」），這張發票是可以兌獎的，最高獎金達新台幣 1,000 萬元，所以千萬別隨便丟掉！每逢單月 25 號開獎，可在「財政部稅務入口網」查詢中獎號碼，開獎日之次月 6 日起的 3 個月內都可到便利店或指定銀行領獎。

3 電子載具使用

「載具」是台灣的電子發票儲存工具，可綁定手機條碼或悠遊卡等，但需要台灣手機號碼才能申請。結賬時，店員一般會詢問：「要刷載具嗎？」沒有的話說「不用」就可以，店員會印出紙本發票給你。

4 發票與明細

有時候結賬時店員會問：「需要明細嗎？」明細與發票不同，明細會清楚列明所有消費項目，而發票有時只顯示消費金額但沒有細項。如果有記賬習慣，可以跟店員要明細，但忘了的話也不用擔心，可以在「財政部電子發票整合服務平台」網站上，輸入發票號碼、發票日期等資料就可取得。

5 垃圾處理方式

台灣大部分地區實行「垃圾不落地」政策，街上很少見到垃圾桶。建議隨身攜帶小膠袋收集垃圾，再帶回住宿處理。不過夜市和捷運站通常都會有垃圾桶。

6 過馬路要注意

在台灣過馬路時要特別留意轉彎車輛，即使行人綠燈亮起，轉彎的車輛仍有權通行。過馬路時請多看左右，確保安全。

7 捷運站內洗手間

遇上人有三急但不知道哪裏有洗手間？去捷運站就對了！雖然部分洗手間設於付費區內，但只要跟站務人員表示想借用洗手間，對方就會給你臨時票卡，可免費入閘使用。

8 樓層標示差異

台灣的樓層標示與香港不同，台灣的一樓相當於香港的 G 樓（地面層），二樓相當於香港的一樓，如此類推。購物或赴約時記得對照樓層，避免找錯地方。

9 餐廳付款習慣差異

台灣的付款習慣因店家而異，一般來說，小店或夜市攤販通常是先付款後取餐，比較正式的餐廳則是用餐後結賬，不過有時會有例外。為免擺烏龍吃霸王餐，離開餐廳時最好先確認是否已付錢。

10 營業時間查詢

台灣商店的公休日不固定，有些店家亦有「落場時間」（休息時間）。出發前最好查詢商家是否營業，除了 Google Map，也可透過官方網站、Facebook、Instagram 或 LINE 官方帳號獲取最新資訊，避免撲空。

申請入台證

香港旅客入境台灣須申請入出境證，共有三種方式：

網簽

停留不超過 30 天適用

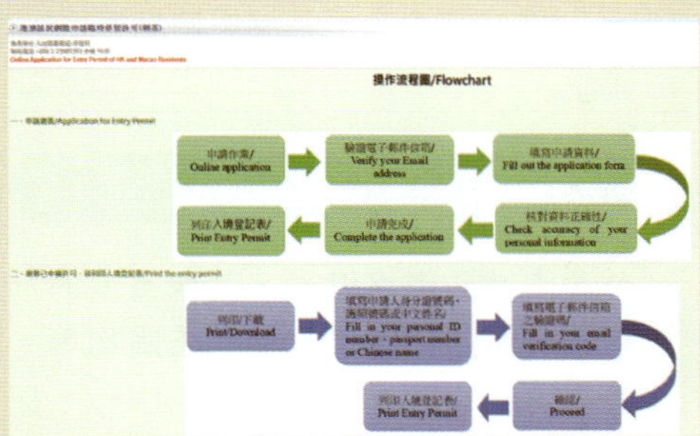

登入申請網站後，按照特區護照或 BNO 護照上的資料填寫，毋須上傳任何文件或照片。申請過程免費，提交後通常能立即獲得審批。獲批准後，下載並彩色列印入台證即可使用。

網簽入台證申請網站

線上申請入出境許可證

適合非香港澳門出生首次申請者，或停留超過 30 天

許可證分為兩種：單次入出境證、一年或三年多次入出境證，費用由 NT$600 至 NT$2,000 不等。符合資格人士可透過「境外人士線上申辦系統（線上系統）」申辦入台證，一般會於 5 個工作天內核准，經核准後，申請者須在系統以信用卡繳費及彩色列印入台證。

落地簽證

停留不超過 30 天適用

抵台後，在機場向「內政部移民署」服務單位申請「臨時入境停留」，費用為 NT$300。

桃園機場到台北市中心交通

桃園機場交通

客運巴士

機場客運巴士由多間公司營運，有不同路線到達台北各區，如國光客運 1819 到台北車站、大有巴士 1961 到西門町等。路況暢通的話，大約一個小時可抵達台北市中心。

第一航廈乘車位置：

B1/F 客運巴士候車區

第二航廈乘車位置：

1/F 客運巴士候車區

桃園機場捷運

桃機捷是可以快速抵達台北的交通工具，A12 機場一航廈站及 A13 機場二航廈站有直達及普通車兩車種停靠，約 7.5 分鐘開出一班車，直達車只需 35 分鐘即可到達台北車站。

的士

在機場接客的的士為排班的士，車輛及司機均通過航空警察局甄選。從機場到台北市區約 40 至 60 分鐘，車費大概 NT$1,000 至 NT$1,500。

第一航廈乘車位置：

1/F 接機大廳西側 12 號門

第二航廈乘車位置：

1/F 接機大廳西側 26 號門對面車道

不能攜帶入境的物品

- 鮮果實（如水果類、瓜果類、檳榔等）。
- 土壤、附着土壤之植物、植物產品或其他物品。
- 有害生物或活昆蟲：如病原微生物、蚱蜢、甲蟲、兜蟲（獨角仙）、鍬形蟲等。
- 列屬禁止輸入疫區之寄主植物或其產品。
- 列屬禁止輸入之應施檢疫動物及動物產品（例如來自近三年發生非洲豬瘟國家之豬肉及豬肉製品等）。

悠遊卡

台灣旅遊必備悠遊卡，就像香港的八達通，可用於乘車、便利店購物等。遊客可在桃園機場旅客服務中心、捷運旅客詢問處或各大便利店購買，每張售價 NT$100。卡片不含可用金額，購買後可按自行需要增值。由於卡片內不含按金，所以退卡時並不會退款；建議可以留着悠遊卡，待下次再到台灣旅遊時使用。

網 www.easycard.com.tw

實用 App

● 台北捷運 Go

提供台北捷運路線圖、車站出口資訊、轉乘資訊和行程規劃。可以在 App 內查詢下一班列車的時刻表，以及附近是否有 YouBike 單車站或換乘公車，甚至可以用它來計算到達目的地的最快路線。

● 台灣等公車

提供台灣各地區公車動態資訊，可搜尋路線及規劃路徑，亦可立即看到所在位置附近的站牌，及其經過的路線與到站時間。

● YouBike

便捷的共享單車系統，旅客亦可使用，只要下載「YouBike 微笑單車 2.0」App，選擇「單次租車」，並進行信用卡綁定，便能以 QR code 或驗證碼解鎖租車。如有台灣手機號碼，也可以透過悠遊卡付款。

如要還車，只要見到有 YouBike 還車柱就可以泊車，YouBike App 也會顯示可還車的位置。

退稅

在貼有外籍旅客購物退稅標誌的特約商店購物，同一日在同一特約商店購物累計含稅消費金額滿 NT$2,000 或以上，可於購物當日持護照向店員申請開立退稅表單，並在以下地點申請退稅。

- **機場港口退稅：**
  在機場或港口的退稅服務櫃枱，帶同單據及護照即可進行退稅。
- **現場小額退稅：**
  貼有「外籍旅客購物退稅標誌」的特約商店，可即時進行小額退稅。
- **特約市區退稅：**
  在貼有「外籍旅客購物退稅標誌」的特約市區退稅服務櫃枱辦理。

電壓

台灣一般家庭照明及小型器具之電壓為 110V 或 220V，頻率為 60Hz。一般而言，台灣多使用兩腳扁型插頭。

緊急求助電話

- 報案、交通意外 ：110
- 火警、緊急救護 ：119
- 緊急救難專線 ：112

位於台北市西北部，是台北歷史最悠久的地區之一。這裏過去是重要的商業中心，至今仍保留許多傳統街道與老建築。

迪化街是當中最具代表性的街區，擁有許多中藥行、布店和南北雜貨店，每到年節，這裏更是熱鬧的年貨大街。

赤峰街則以設計小店和咖啡館聞名，是許多年輕人和遊客喜歡散步、拍照的地方。

大稻埕碼頭則提供了寬廣的河岸景觀，是欣賞夕陽和散步的好去處。區內還有霞海城隍廟，香火鼎盛，以求姻緣聞名。

大同區融合了老台北的歷史風貌與現代生活，適合慢慢走訪，細細體會。

大同區景點列表

1. 赤峰街
2. 魚刺人雞蛋糕
3. PlanB Studio 韓式拍貼工作室
4. 二屋牡蠣拉麵專門店
5. 赤丸團子
6. 面線町
7. 奎府聚書店
8. 登波咖啡
9. Tella Tella Café
10. 灑白甜鮮奶麻糬舖
11. 大稻埕迪化街
12. 郭怡美書店
13. 迪化半日茶屋
14. 大稻埕碼頭貨櫃市集
15. 昭和浪漫洗濯屋霜淇淋專賣店
16. PILLO bakery & cafe

交通方式

捷運

- 台北車站 --- 淡水信義線 ---> 圓山站 / 民權西路站 / 雙連站 / 中山站
- 西門站 --- 松山新店線 ---> 北門站 / 中山站

新北環河快速道路

淡水河

←忠孝碼頭

桃園捷運機

延三夜市
大橋頭
民權西路
捷運中和新蘆線
記憶旅店
三德大飯店
AMA 和平與女性人權館
伯朗咖啡館
信義線
關渡碼頭、八里龍形碼頭
環河南北快速道路
延平北路二段
涼州街
仁安醫院
慈聖宮
大同親子館
家樂福
新文化運動紀念館
承德路二段
文昌宮
雙連
民生西路
大稻埕碼頭
迪化街
重慶北路二段
寧夏夜市
福田一方鳳梨酥
隱家拉麵
永樂市場
西寧北路
建成公園
捷運松山新店線
延平河濱公園
迪化街一段
中山
誠品
新光三越
台北市立聯合醫院
塔城公園
長安西路
台北當代藝術館
中山市場
玉泉公園
北門
君品酒店
京站時尚廣場
鬼金棒
延平北路一段
台北車站
忠孝西路一段
西寧市場
台北（高速鐵路）
國父史蹟館
台北國際藝術
世民酒店
鄭記豬腳飯
北門郵局
天成大飯店
新光三越
凱撒大飯店
一番地壽喜燒
捷運板南
誠品
Donki
MAP

赤峰街

址 台北市大同區
交 捷運**中山站** 4 號出口

▲ 每逢假日，赤峰街都設有市集，有各式各樣攤位，例如手作、小吃、寵物用品等。

赤峰街位於大同區與中山區交界，貫通雙連站和中山站，兼具復古與創新氣息，是文青與設計愛好者的小天地。幾條小巷隱藏着許多特色咖啡館、獨立書店、潮流物品和古着服飾店，散發着濃厚的人文與藝術氣息。街道保留了日治時期的老建築，與現代創意融合，形成獨特的都市景觀。漫步赤峰街，無論是品味咖啡、發掘特色商品，甚至只是隨意走走，都能感受它的文化魅力。

▲ 新舊交替的老建築。

K-MONSTAR

址 台北市大同區赤峰街 49 巷 7 號

專賣 K-Pop 正版周邊商品，包括演唱會手燈、專輯、相片等，商品齊全，不少粉絲都會來尋寶。

舊目立屋

址 台北市大同區赤峰街 49 巷 2 號 1 號樓之 4

售賣各種精美食具器皿和擺設。外觀是日式木門，兩旁種滿綠色植物，很有格調，常常有人在門口拍照。

3 貓小舖

址 台北市大同區赤峰街 53 巷 14 號

販賣貓咪主題的文創商品，例如杯墊、砌圖、擺設、飾物等。除了購物，還可以在裏面喝咖啡吃點心，和店內貓咪互動。因為店內不能拍照，只能拍櫥窗給大家看。

小器生活

址 台北市大同區赤峰街 29 號

供應日式器皿，商品都很精緻，從碗碟、茶壺茶杯、酒杯等等都有。

魁特東京都選物

址 台北市大同區赤峰街 71 巷 1 號

老闆是日本人，專門搜羅日本各地職人手作製品，像手飾、擺設、電話繩、袋子等等。

Melting Finger

址 台北市大同區赤峰街 37 巷 1 號

韓國人開的馬卡龍店，以正統韓國熟成手法製作馬卡龍，色彩繽紛，造型可愛。

魚兵衛太春和食處

址 台北市大同區赤峰街 3 巷 9 號

平價日式刺身、壽司、丼飯食堂，味噌湯任飲，很受台灣人歡迎，經常排長龍。

2023 年 7 月 OPEN

魚刺人雞蛋糕

台灣人童年茶點升級版

址 台北市大同區赤峰街 29 號 時 週一至五 13:00~20:30、週六日 13:00~21:00
交 捷運**中山站** 4 號出口，步行約 2 分鐘

雞蛋糕可說是台灣人的經典茶點，承載着滿滿的童年回憶。傳統雞蛋糕由雞蛋、麵粉、砂糖等製成，味道純粹，而於台中起家的「魚刺人雞蛋糕」則將這個大眾小吃再提升，**創出多款口味並加入餡料**，選擇多達 13 種，鹹的、甜的，有雪糕的、有 Tiramisu 的，選擇多樣。

▲魚刺人分店已遍佈台灣各地，台北中山店坐落在中山站徒步區的主要大街上，行過路過不要錯過！

▲我們選了阿薩姆卡士達（NT$55/5 個），紅茶口味的雞蛋糕包着吉士，蛋糕鬆軟，茶味香濃，配搭柔軟的吉士，一吃愛上！

即製的雞蛋糕熱騰騰，邊邊角角脆脆的很好吃。

◀雞蛋糕新鮮出爐，內餡十分熱，吃的時候要小心。

▶魚刺人還推出周邊商品，等待雞蛋糕時不妨看看。

2024 年 6 月 OPEN

PlanB Studio 韓式拍貼工作室

滾筒洗衣機、捷運車廂自拍館

址 台北市大同區南京西路 25 巷 16 號 時 08:00~00:00
交 捷運**中山站** 4 號出口，步行約 2 分鐘

韓流席捲全球，韓式自拍館愈開愈多，來自韓國的 Plan.B Studio 亦插旗台灣，在台北多區設有分店。

仿真度極高的捷運車廂場景，空間夠大適合團體拍攝。

其中中山店共有四個場景：最基本的 Bust Shot（拍個人形像照）、滾筒洗衣機、台灣捷運車廂、升降機，後面三個場景逼真，甚受歡迎。每次拍攝 NT$200 至 $300 包含兩張照片，自拍機只收 NT$100 鈔票，館內有換鈔機可兌換。

▶ 在洗衣機場景內，鏡頭藏在滾筒洗衣機裏面，打開洗衣機門把整個人伸進裏面拍照吧！

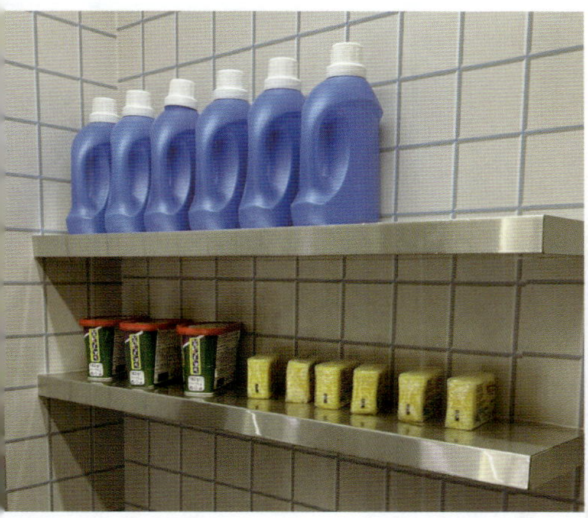

◀ 洗衣機場景設有與洗衣相關的小道具可以利用。

▲ 升降機場景的鏡頭設在上方，模擬閉路電視視角，俯視效果拍出來十分特別。

▲ 店內有一塊特大鏡子，配備直髮夾、梳子等，可以好好打扮一番才拍照。

▲ 道具櫃有多款頭飾、太陽眼鏡和拍攝道具，為照片增添趣味元素。

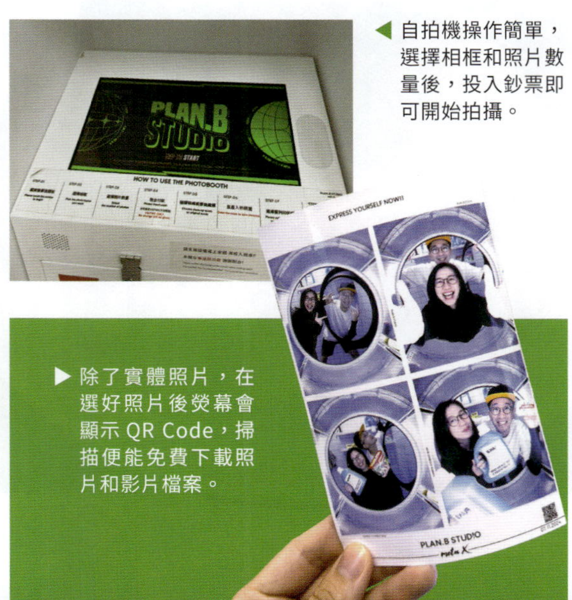

◀ 自拍機操作簡單，選擇相框和照片數量後，投入鈔票即可開始拍攝。

▶ 除了實體照片，在選好照片後熒幕會顯示 QR Code，掃描便能免費下載照片和影片檔案。

二屋牡蠣拉麵專門店

生蠔控必吃拉麵

址 台北市大同區赤峰街 35 巷 11 號
時 週一至四 11:30~21:00、週五至日 11:30~ 21:30
交 捷運**中山站** 4 號出口，步行約 3 分鐘

▲ 店外掛着傳統日式燈籠，滲出和風氣息。

這間位於巷弄裏的拉麵店總是大排長龍，**主打蠔拉麵**，以雞白湯、豚湯為基底，並將大量蠔打成泥狀加入熬煮，湯底濃郁鮮甜，一口喝下，海洋鮮味在口腔內爆發，海鮮控如我怎能不喜歡？店內座位不多，所以店家訂了一些排隊規則，包括不能代人排隊、必須所有人到齊再排，想去吃的朋友要留意。

▲ 店內只有約 15 個座位，經常要排隊等候。我們很幸運，平日下午 1 點來訪，只等了 5 分鐘就有位。

◀ 濃厚牡湯拉麵（NT$270）與濃厚牡蠣拉麵（NT$330）的分別是，後者除了基本的叉燒、海苔、水菜和紫洋葱，還多了兩隻油漬廣島蠔。吃拉麵通常第一口都覺得好吃，但容易愈吃愈飽滯，甚至吃不完，但二屋的湯底鮮、鹹、香，不腥不膩，我們整碗湯喝至一滴不剩！

◀ 油漬廣島蠔雖然不大隻，但蠔味十足。

▲ 麵身彈牙，掛上湯汁很好吃。

▼ 吃不飽不用擔心，這裏可以免費無限次加麵。

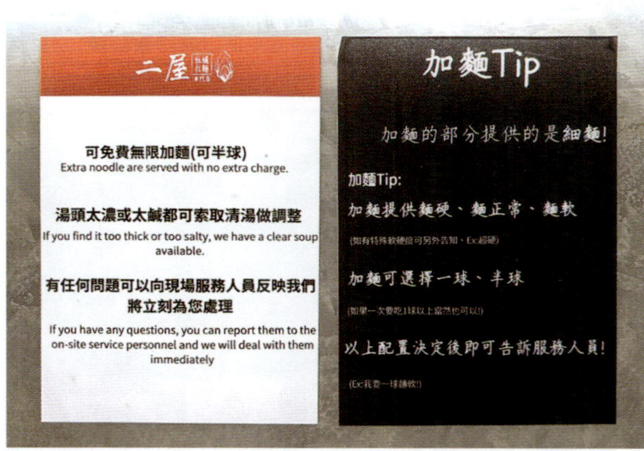

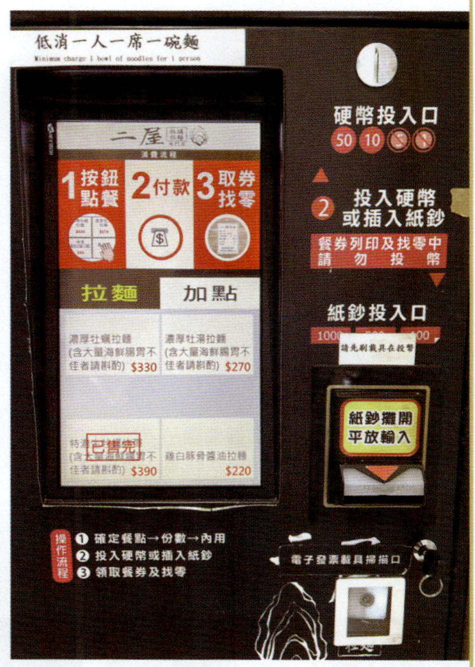

▲ 餐廳採用自助點餐機，但店員會在旁協助首次到訪的食客。湯底可以選擇鹽味或醬油，店員指鹽味較能突出蠔湯鮮味，醬油則較重口味。

◀ 桌上放有調味料和水杯，供客人自由使用。

2023 年 11 月 OPEN

赤丸團子

日本直送國產米糰子

址 台北市大同區赤峰街 49 巷 2 號　時 12:00~18:00
交 捷運**中山站** 4 號出口步行約 5 分鐘

在赤峰街的巷弄間，有一間門面復古的日式糰子專賣店「赤丸」，每天吸引不少食客排隊品嚐。它的糰子可不簡單，是由日本愛知縣 77 年歷史老店「八雲糰子」直送來台，100% 使用日本國產米，搭配靜岡縣天龍川的純淨水源。原料天然，製作用心，創造出軟綿又不黏牙的口感，也能品嚐到濃郁米香，完美呈現最純粹的和菓子風味。

▲人氣第一濃口醬油糰子（NT$60），烤過後再泡進醬汁缸裏，每顆糰子都被醬汁均勻地包覆。這是我吃過最好吃的糰子之一，柔軟可口有米香，鹹甜恰到好處，十分高質素，跟在日本吃到的差不多。

▼糰子共有七款口味，有鹹有甜。鹹味有醬油、海苔醬油及台灣比較少見的五平餅（味噌飯糰棒）；甜味有紅豆艾葉、黃豆、抹茶和三色糰子。

▲旁邊是復古玩具雜貨店，很多都是我們久違的兒時玩具，但相信對年輕一輩或小朋友來說十分新奇，不妨來尋寶。

▲鐵皮玩具確實經典，不知是否店主珍藏，故只能隔着櫃子玻璃欣賞。

溫馨提示

店內設有回收處，吃完的紙盤和竹籤可以放在那裏，不用到處找垃圾桶。

面線町

超有質感的人氣麵線小店

址 台北市大同區赤峰街 49 巷 25 號 **時** 週三至一 11:30~19:30 **休** 週二
交 捷運**中山站** 4 號出口步行約 4 分鐘

▲ 滿座的話可以上旁邊二樓的 Cafe，點一杯飲品就可以在裏面吃麵線，不用浪費時間排隊。

在赤峰街中段一棟不起眼的老屋騎樓底，有一家賣麵線的路邊攤，還要是人氣排隊店，這就是「面線町」了。

它的麵線非常出色，**用料十足而且價錢不貴。**選擇看似很多，其實就是配料多寡之別。

◀ 麵線分量很多，多到可以當作正餐，而且用料十足，小卷和鮮蚵都很新鮮。

▲ 有選擇困難？不用煩惱，選最貴的「海王子愛三寶」就對了，就是全部配料都有，鮮蚵、大腸、小卷（魷魚）、肉丸、魚酥，只是 NT$160，性價比高。

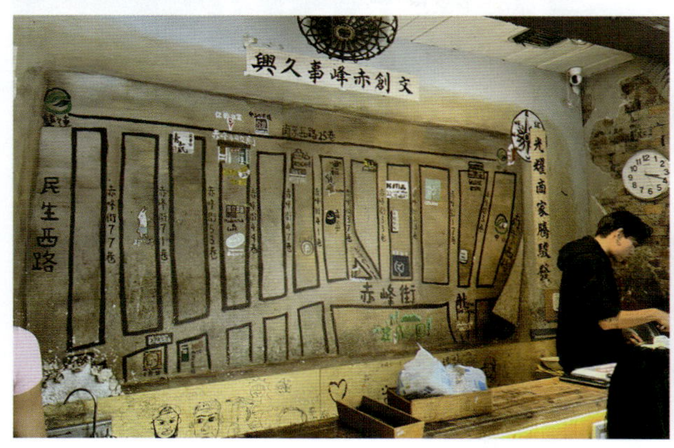

▲ 牆壁畫了一幅粗糙的赤峰街地圖，前面有一張吧枱，放了木欖和油桶。雖然有點簡陋，卻跟四圍的環境融為一體。

▲ 覺得不夠味可以自己加調味料，推薦加點醋來吃，比較不膩。

2023 年 4 月 OPEN

奎府聚書店

本土文化書店

址 台北市大同區赤峰街 41 巷 5 號 時 12:00~22:00
交 捷運**中山站** 4 號出口步行約 3 分鐘

年少時曾經夢想開一間書店兼咖啡店，邊看書邊喝咖啡好不寫意，長大後發現咖啡會令我心悸，也開始考慮現實，明白經營書店不容易，這個念頭就此作罷。幸好在台灣仍有不少人堅持追夢，書店兼咖啡店多不勝數，單是赤峰街上至少有三、四間，其中一間就是「奎府聚書店」。

◀「奎府聚」看似沒有意思，其實是早期在這一帶生活的台灣原住民平埔族部落 Kimotsi 的巴賽語發音。

▶ 街上人流絡繹不絕，躲在咖啡店深處有種避世的感覺，而且不設時限，想坐多久都可以。

▲ 推開奎府聚的門，迎面的是悠閒和平靜。店內放着輕音樂，每個人低頭忙自己的事，朋友間低聲細語，非常適合想享受寧靜時光的人。

店舖的前半部是書店，後半則是咖啡店。選書方面，多是與台灣本土文化相關的書籍，如飲食、歷史、風土人情、人物傳記等，在書店逛一圈，彷彿快速檢閱了台灣的近代史。咖啡店提供咖啡、輕食、甜點，晚上 6 點後會供應白酒、紅酒和威士忌。

▲ 要購買書籍後，才能帶到座位區閱讀。

▲ 咖啡店採用磨砂天窗，讓自然光線透進來，雖身處室內，感覺就像和室外連接。

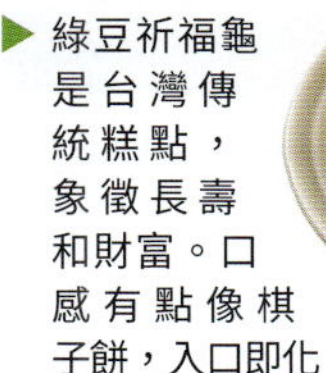

▶ 綠豆祈福龜是台灣傳統糕點，象徵長壽和財富。口感有點像棋子餅，入口即化。

▲ 用舊中藥百子櫃來展示書籍，很有特色。

▲ 店內還有售賣台灣畫家手繪的風景明信片。

▲ 我們點了拿鐵（NT$180）、野莓果粒茶（NT$150）和綠豆祈福龜（NT$80）。

登波咖啡

復古風人氣咖啡店

址 台北市中山區赤峰街 49 巷 25 號
時 週四至一 12:00~18:00、週六日 11:00~19:00 時 週二、三
交 捷運**中山站** 4 號出口步行約 4 分鐘

▲ 鮮黃色塑膠櫈配上薄荷綠鐵窗花，成為這一帶的打卡熱點。

赤峰街有很多咖啡店，其中一間最有名的非登波咖啡莫屬。舖位不大，卻以獨特的美式復古風格和高質咖啡吸引無數慕名而來的訪客。

▲ 店舖左邊有個小窗口，可以在這邊直接買外賣。

◀ 登波唯一的缺點是音樂有點大聲，有時聽不清楚朋友說甚麼。

店內最引人注目的是那個已有三、四十年歷史的「登波」招牌燈箱，配上精心挑選的懷舊燈具、家具，以及各式復古小物，營造出濃濃的懷舊氛圍。

▲來登波必點肉桂卷（NT$140），外皮酥脆裏面濕潤，肉桂味香濃突出，配合焦糖醬和 Cream Cheese（加 NT$20）一起吃，味道再提升。

▲S.O.E 布丁（NT$110），S.O.E 就是 Single Origin Espresso 的意思，布丁淋上濃縮咖啡，苦甜平衡，質地綿密，以布丁來說是正常水準。

▲冬瓜糖拿鐵（NT$160）用上台南的冬瓜茶磚，冬瓜茶本身是一種很甜的飲品，加入咖啡後不止平衡了甜味，味道也更有層次。

◀近年越來越多水果跟咖啡配搭，登波最少有 5 款水果咖啡。叫了一杯凍西瓜美式（NT$160），清爽提神。

▲這杯看起來像普通熱美式，但其實是林檎美式（NT$160），即混合了蘋果汁的咖啡。咖啡杯甚有復古感，喝起來更有味道。

▼登波自家掛耳咖啡，目前共有 7 款，不論是果香、茶感、清爽的都有。

▼喜歡登波 Logo 公仔的，也可購買其周邊產品。

Tella Tella Cafe

台日混合的懷舊 Cafe

址 台北市大同區赤峰街 49 巷 22 號 2 樓　時 11:30~20:00

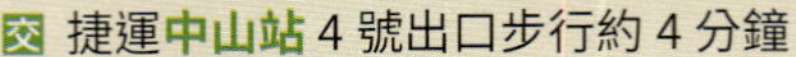

交 捷運**中山站** 4 號出口步行約 4 分鐘

赤峰街上很多特色 Cafe 都藏在二樓，Tella Tella Cafe 也不例外，入口是一道小小的玻璃木門，不仔細留意的話很容易忽略掉。

推開木門走過陡峭的樓梯，再拉開一道木趟門，終於看到 Cafe 的真身。首先映入眼簾的是灰色磨石子地板、湖水綠牆壁和胡桃木色的老家具，定睛一看發現不少日本舊擺設和漫畫海報，空氣中飄浮着台日混合的懷舊氣氛。

▶ 很久沒見過舊式轉盤電話了，忍不住轉了兩輪，回味童年時在外婆家玩電話的無憂日子。

▶ 原味拿鐵（NT$160）就是想像得到的熱拿鐵，神氣的小熊拉花很可愛。

▲ 伯爵茶布丁（NT$130）茶味香濃突出，質地滑溜，好吃！Tella 巴斯克（NT$150）芝士味濃郁，但質地略為鬆散。

▲ 主餐以飯類為主，我叫了橙汁豬梅花（NT$300），酸酸甜甜頗開胃，如果豬肉能煮得脸一點就更好了。

▲ 西西里冰咖啡（NT$160）咖啡味和檸檬味不會彼此蓋過，微酸清新。

▲ 幾乎每兩枱就有一枱叫這杯冰淇淋晴空蘇打（NT$190），顏色像夏日晴空般湛藍，甜甜的雲呢拿雪糕和清爽的梳打，兩者混合後更好喝！

▲ Tella Tella Cafe 的招牌 Logo 是一個紅帽小女孩，店內有售其周邊商品，從衛衣、購物袋到杯子都有。

大同區

灑白甜鮮奶麻糬舖

即叫即製鮮奶麻糬

址 台北市大同區南京西路 25 巷 38 號　時 週二至日 12:00~20:00　休 週一
交 捷運**中山站** 4 號出口步行約 6 分鐘

灑白甜主打**用鮮奶製作的麻糬**，比起傳統糯米麻糬，口感柔軟略帶煙韌不黏牙，每一口都散發淡淡奶香。招牌是「灑白甜」，片狀鮮奶麻糬配不同口味的沾粉，較能吃到鮮奶味。另外也有 6 款包餡麻糬，餡料豐富吃得滿足，而且即叫即製，確保最新鮮。

▲灑白甜只做外賣，沒有堂食空間。

▶招牌沾粉麻糬（NT$160），片狀麻糬帶有淡淡奶香，沾粉可選芝麻、花生或 Oreo。

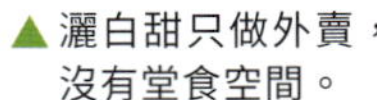

▲綜合包餡麻糬（NT$130），一盒有齊榛果朱古力、紅豆、花生、椰香、黑芝麻、芋泥 6 種口味。

◀精心設計的木盒包裝，貼心附上竹籤，方便買完後立即在旁邊公園吃。

▲落單後，店員新鮮即做包餡麻糬。看着店員從麵糰中捏出一個球狀，放入餡料再灑上粉，過程療癒。

大稻埕迪化街

台北最美舊城區，
乾貨美食文創應有盡有

址 台北市大同區迪化街
交 捷運**北門站** 3 號出口步行約 10 分鐘

大稻埕在 18 世紀末是商業貿易重鎮，當時隨着淡水港的開放，因而迅速發展起來。大稻埕前身是農產品交易場所，設立了公共的「曝稻大埕」，提供給稻米收成時作曬穀之用，故此名為「大稻埕」。

大稻埕保留了多樣化的建築風貌，從華麗的仿巴洛克式建築、傳統閩南風格的房屋，到明亮的紅磚洋樓，各具特色。在這裏，無論是古蹟建築、茶行、藥行、布行還是小吃，都蘊藏着悠久的歷史與文化故事。

談到大稻埕，一定會聯想到迪化街，這是台北最具歷史文化的老街之一，以交易中藥材、乾貨、茶葉與布料聞名。

除了傳統老店，迪化街近年注入許多新創品牌與文創小店，將古老的街區活化。這些文創小店都隱藏在大街小巷，每次去都發掘到有趣的小店。

▶ 迪化街最有特色的乾貨非烏魚子莫屬，而且有很多用烏魚子做成的小吃和菜式。

永樂布業商場

址 台北市大同區迪化街一段 21 號

台北最大布業商場，裏面有各式各樣的布料和布藝手工藝品，對布藝有興趣的朋友必定要來逛逛，一定會找到心頭好。

陳家草莓大福

址 台北市大同區迪化街一段 20 號門口

迪化街街邊有很多賣士多啤梨大福的車仔檔，又平又大粒又甜，約 NT$40/粒，記得買來試試。我們比較喜歡「陳家草莓大福」，覺得它的大福皮比較好吃（但其實每間的味道都相距不遠）。

大盜陳茶飲

址 台北市大同區迪化街一段 20 號

原來烏魚子都可以變成手搖飲品！這間手搖茶飲店供應「**烏魚子奶蓋烏龍**」，將烏魚子碎鋪在奶蓋上，變成帶鹹香味的奶蓋烏龍，衝擊味蕾。在其他地方都沒有見過，相信只能在這裏喝得到。

主播楊中化爆漿大貢丸

址 台北市大同區迪化街一段 131 號

CNN 評選來台必吃的貢丸，比一般貢丸大 4 倍，吃的時候油香四溢又爆汁，NT$70 兩大粒，十分抵吃。

琅茶

址 台北市大同區涼州街 106 號

台灣知名茶葉專賣店，曾被多國雜誌推薦。專賣台灣各地種植的單品原茶葉，不混茶，顯現茶葉的原有味道。包裝簡約精美，送禮自用都適合。

度小月

址 台北市大同區迪化街一段 112 號

價廉物美的台灣古早料理，有幾十款菜式可以選擇。香港分店關閉了，來台灣吃正宗的吧！

大同區

郭怡美書店

不只有書的書店

址 台北市大同區迪化街一段 129 號
時 週一至五 12:00~20:00、週六、日 11:00~22:00
交 捷運**北門站** 3 號出口步行約 12 分鐘

即使不愛看書，也推薦你到郭怡美書店走走，當你了解這棟百年古宅的背後故事，或許別有一番感受。

▶ 來到郭怡美書店，看到的不只有書，還有好些角落仍保留舊日痕跡，彷彿新舊對唱，讓百年古宅也有第二人生。

▼ 雖不是連鎖書店，但藏書量毫不遜色，有兩萬多本書，適合慢慢尋寶。

古宅建於 1920 年代，最初是「郭怡美商行」，專營麵粉、砂糖等食品貿易生意，老闆郭烏隆是當時大稻埕有名的商人，不過後代經營不善，郭怡美商行倒閉，連房子也易手。輾轉多年，郭家後人兼出版社社長郭重興租回昔日祖屋，用作經營書店，並沿用爺爺的店名，取名為「郭怡美書店」。

▲ 從前的商行前棟一樓是店舖、二樓是倉庫，後棟是住家，中間以天井分隔。如今書店開放全部空間，各樓層擺放不同類型書籍，亦有咖啡店和展覽區域。

▲ 前棟閣樓不時舉辦各種展覽，到訪時展出的是香港漫畫家的「我香港，我街道」原畫展。

◀ 後棟的二樓是童書繪本區，貼心地規劃了親子共讀空間。

▲ 一樓的後半部分是無時限咖啡店，想慢慢看書或與朋友聊天都非常適合。

▲ 設計得很有心思的座位，在書本的包圍下閱讀，雖然沒有看得比較快，但拍起照來很好看。

▲ 三樓有間佈置典雅的小書房，擺放了一些老家具，燈光昏暗，有點像秘密基地。

迪化半日茶屋

城市秘境綠色庭園

址 台北市大同區迪化街一段 133 號　時 10:00~18:30
交 捷運**北門站** 3 號出口步行約 12 分鐘

大稻埕曾是台灣茶葉貿易的重地，全盛時期有超過二百間茶行，見證了台灣茶業發展的繁華歲月。來到大稻埕，又怎能不嘆杯茶呢？

▲大稻埕的老街屋屋型呈窄長，共有前後兩棟，中間有一個天井，稱為「二進街屋」。迪化半日的第一進是商店，穿過天井後可抵達第二進的茶屋。

▲每壺茶可回沖三至四次，每一輪的浸泡秒數都很講究，店員在送餐時會詳細講解。阿里山高山烏龍（NT$290/ 壺），入口順滑甘香，回沖多次仍然芳香。

▲隨茶附送的兩款小茶點，當日有芝士餅和紫米餅。

迪化半日茶屋佇立在一棟百年歷史建築中，店內前半部主要展示及販售陶器品牌「陸寶」的精緻茶具。穿過天井後來到店鋪的後半部就是茶屋，後方更有一個恍如城市秘境的綠色庭園，坐在老屋中喝茶，細細品味大稻埕悠久的歷史痕跡。

茶屋**只使用台灣茶葉**，光是原葉茶就有 15 款，另外也供應茶咖啡和茶梅酒。

▲ 坐在種滿綠色植物的庭園裏，好像進入了另一個空間，寧謐閒適，忘記外面就是熙來攘往的迪化街。

▲ 龍眼花烏龍（NT$160/ 杯），龍眼花經翻炒後散發淡淡蜜香，烏龍的茶香渾厚，兩者調和出甘甜滋味。

▲ 除了庭園的戶外座位，還有室內和半戶外座位。

▲ 想邊飲茶邊食 Cake？這裏有很多選擇！

▲ 陸寶的茶具觸感溫潤完美，與茶互相襯托，確實如半日茶屋官網上所說：「好茶配好器，好器沏好茶」。

◀ 商店區域主要販售陸寶的陶瓷茶具，陸寶源自陶瓷重鎮鶯歌，有超過 50 年歷史。看看價錢，剛剛喝茶用的茶杯，每隻 NT$1,980。

▲ 喝到喜歡的茶，可以立即買回家。

大稻埕碼頭貨櫃市集

浪漫約會勝地

址 台北市大同區民生西路底五號水門
時 週一至五 16:00~22:00、週六日 12:00~22:00
交 捷運**北門站** 3 號出口步行約 20 分鐘

大稻埕碼頭貨櫃市集位於台北大同區的大稻埕碼頭，就在迪化街旁邊，從迪化街街尾走路 5 至 10 分鐘就能到達，可以將兩者合併列入行程。

顧名思義，它是一個用貨櫃屋組成的美食市集，貨櫃裝飾得色彩繽紛。這個市集最著名的就是能看到淡水河 + 城市景觀的絕美景色。貨櫃與貨櫃間掛滿燈泡，入夜亮燈後氣氛非常浪漫，是不少情侶的約會勝地。

▲ 市集有 17 間餐飲店，包括台式滷味、日式大阪燒、意式 Pizza、韓色炸雞、美式漢堡等等，應有盡有。

▲ 我們當晚在德魯納韓式料理點了蒜味醬油炸雞（NT$280），分量很多而且很好吃，有餐廳的水準。買的時候老闆問我當晚有沒有打算喝酒，我說有，他竟然送我一罐台灣啤酒，雖然不是甚麼昂貴飲料，但覺得好窩心。

▲ 飲品也有很多選擇，咖啡、茶、汽水、啤酒和 Cocktail 都有。不論想吃正餐、小吃，還是只想喝兩杯，都能滿足到你。

▲ 市集經常有歌手現場駐唱，很有水準，吹着河風吃着美食邊聽歌，真的很有 Feel。歌手歡迎大家即場點歌，覺得好聽的話不要吝嗇打賞支持這些 Busker 啊！

◀ 當晚天氣比較冷，我們點了一碗關東煮，吃完很溫暖很幸福。

溫馨提示

- 如果要前來，建議直接乘搭的士，因為從最近的捷運北門站走過來也要 20 分鐘。
- 夏天時下午暴曬，最好等太陽落山才過來。冬天河邊的風頗大，要小心着涼。

大同區

昭和浪漫洗濯屋霜淇淋專賣店

完美復刻昭和年代氛圍

址 台北市大同區安西街 3 號
時 週一至五 11:00~17:30、週六 11:30~18:30、週日 11:30~18:00
交 捷運**大橋頭站** 2 號出口步行約 12 分鐘

大稻埕公園旁的街口轉角有間房子，以復古風格字體在牆壁寫上「昭和浪漫洗濯屋アイスクリーム専売店」，店名彷彿已告訴你這裏走日式昭和時期的浪漫風（不過看報道說是因為店主為人浪漫），而「アイスクリーム」是日文「雪糕」的意思。

▲這裏是大稻埕的打卡熱點，不少人專程來拍照。雪糕模型旁邊那塊褪色洗衣店招牌「僑隆洗染」，是在修復老屋時發現的，也是店名加上「洗濯屋」的緣起。

◀店內店外放滿店主搜羅回來的日式懷舊小物（及大物），完美復刻昭和年代氛圍。

至於「洗濯屋」呢？原來建築物前身是一間有超過 80 年歷史的洗衣店，為了向洗衣店致敬，特地將之保留在店名當中。店舖內外的佈置充滿復古情懷，讓人盡情浸沉在昭和風情裏，不少人還特地穿古着來拍照呢！

▶ 在外面看起來建築物好像很大，以為裏面很寬敞，但其實房子呈狹長，能擺放桌椅的空間有限，一樓只有 6 個座位左右，有點擁擠，食客進出都要側着身。店內還有二樓，不過當天沒有開放。

▲ 靜岡小柳津抹茶霜淇淋（NT$180），抹茶味超級濃郁帶微苦，上面放了金箔、爆谷和米通。吃到最後更發現甜筒底部藏了一顆麻糬，有驚喜！

◀ 店內陳列着各種古道具收藏品，每一件都有歲月痕跡，值得細細欣賞。

▲ 有看日漫《男兒當入樽》的都會會心一笑：在安西街上有個安西教練。

▲ 三色烤糰子（NT$140）的三種口味分別是紅色櫻花、白色原味、綠色抹茶，再灑上黑糖黃豆粉。糰子烤過後外皮帶點焦脆，裏面軟糯但有點黏牙。

◀ 雪糕有兩種口味，味道會不定期更換，探店當天是花生和抹茶，落筆之時知道最新口味有 Tiramisu，看來要找天再去了！

大同區

2024 年 9 月 OPEN

PILLO bakery & cafe

大膽創新的溫熟成吐司，前所未有的口感

址 台北市大同區延平北路二段 11 號　時 週一至五 10:30~17:00、週六日 10:00~18:00
交 捷運**北門站** 2 號出口步行約 10 分鐘

你喜歡吃吐司嗎？喜歡的話務必記低這間 PILLO bakery & cafe，因為他們研發了一種全新口感的溫熟成吐司，有別於一般生吐司。

▲ PILLO 這個名稱靈感來自英文的 Pillow（枕頭），象徵吐司的口感跟枕頭一樣柔軟。

▶ PILLO 位於大稻埕，前身是經典歷史建築「大千百貨」，是 70 年代台灣最時髦的百貨公司，經活化和改建後變成 Cafe。

▲ 溫熟成吐司共有 5 種口味，分別是大蒜起司丁、黑醋栗乳酪、黑沙芝麻乳酪、青醬炒野菇和原味（PILLO 極簡）。吐司可以堂食或買盒裝回家，包裝簡潔精美，有 6 個或 9 個裝，每件獨立包裝，很多人會買來送禮。放冰箱可以保存 2 個月，可以考慮當做手信。

甚麼是**溫熟成吐司**？它是以法式舒肥（真空低溫烹調）概念，採用多種特性的細緻麵粉，用低溫濕潤的烘焙環境取代長時間高溫烘焙，這樣既能增加麵筋延伸性，又能令麵糰保濕鎖水，**製造猶如嬰兒肌膚般柔軟、有筋道的全新口感吐司。**

▲我們點了烏金葱乳酪溫熟成吐司（NT$250），乳酪奶味香濃口感厚滑，混合青葱和大稻埕特產烏魚子多了一重鹹鮮味，帶酸甜的蘋果粒化解了乳酪的油膩，整體跟吐司很夾。吐司口感真的跟一般生吐司不同，比較煙靭紮實，但又保持柔軟感，不需要太用力咀嚼，口感特別。

▲店內亦提供多款飲料，有咖啡、茶和特色飲品。我們的兩杯特色飲品──芭樂美式咖啡和鐵觀音芭樂茶，兩杯都在水準之上。

▶堂食的話，除了上述 5 種口味吐司，也有配搭各種食材做成的水果吐司、雞肉吐司和肉鬆吐司等等。

▲店鋪裝潢低調簡約，但又不失設計感。

▲店家有推出自家餐具和馬克杯，有興趣的話可以購買。

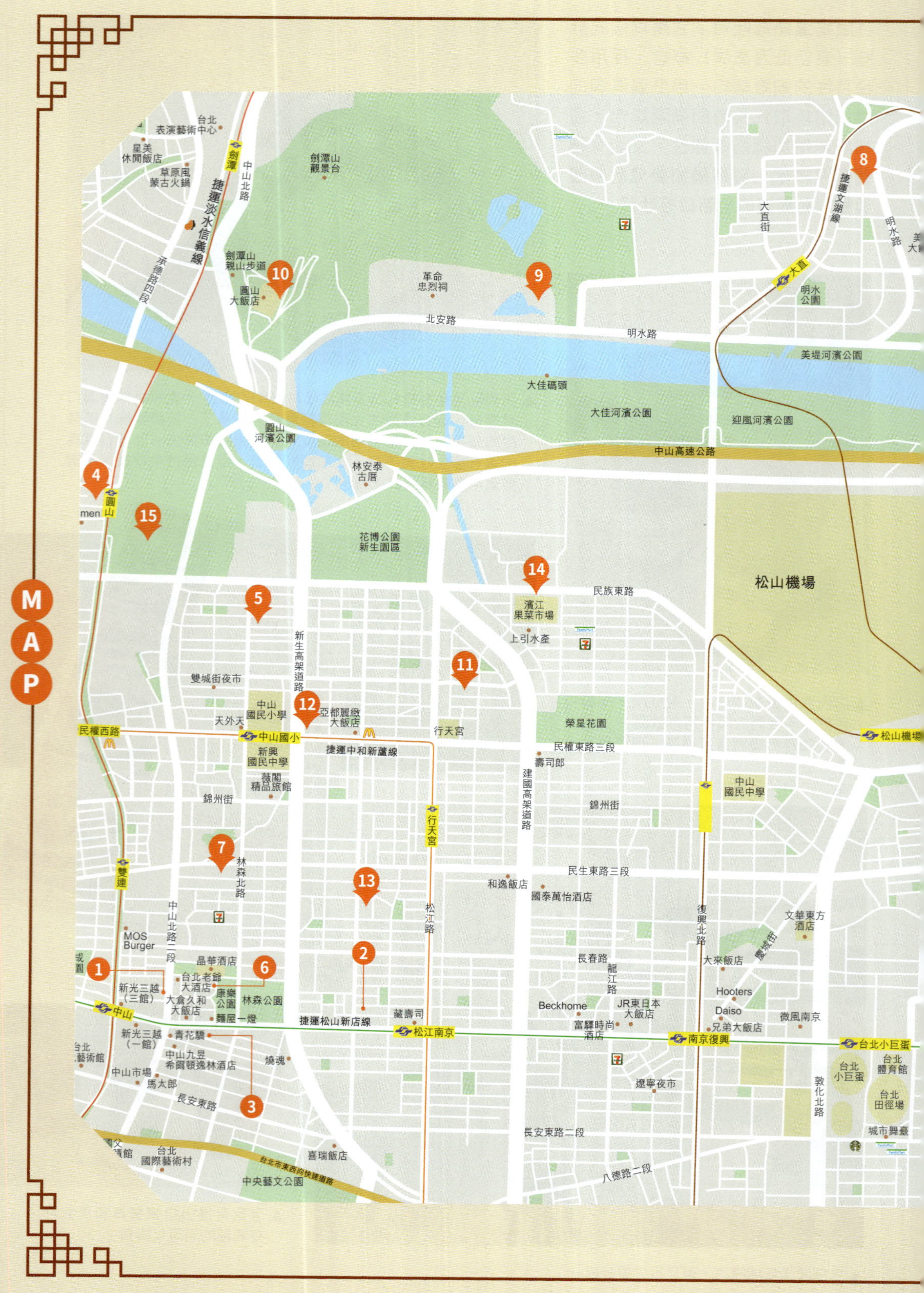

MAP
台北表演藝術中心
星美休閒飯店
草原風蒙古火鍋
劍潭
中山北路
捷運淡水信義線
承德路四段
劍潭山觀景台
劍潭山親山步道
圓山大飯店
革命忠烈祠
北安路
明水路
大直街
捷運文湖線
大直
明水公園
明水路
美堤河濱公園
大佳碼頭
大佳河濱公園
迎風河濱公園
圓山河濱公園
林安泰古厝
中山高速公路
圓山
花博公園新生園區
松山機場
民族東路
濱江果菜市場
上引水產
新生高架道路
雙城街夜市
中山國民小學
天外天
亞都麗緻大飯店
民權西路
中山國小
捷運中和新蘆線
行天宮
榮星花園
民權東路三段
壽司郎
松山機場
新興國民中學
薇閣精品旅館
錦州街
建國高架道路
錦州街
中山國民中學
行天宮
林森北路
雙連
民生東路三段
和逸飯店
國泰萬怡酒店
中山北路二段
松江路
復興北路
文華東方酒店
MOS Burger
晶華酒店
長春路
龍江路
大來飯店
慶城街
台北老爺大酒店
新光三越（三館）
大倉久和大飯店
康樂公園
林森公園
麵屋一燈
Beckhome
JR東日本大飯店
Hooters
Daiso
微風南京
中山
捷運松山新店線
藏壽司
富驛時尚酒店
兄弟大飯店
新光三越（一館）
青花驕
松江南京
南京復興
台北小巨蛋
中山九昱希爾頓逸林酒店
燒魂
中山市場
馬太郎
長安東路
遼寧夜市
台北小巨蛋
台北體育館
台北田徑場
敦化北路
長安東路二段
城市舞臺
台北國際藝術村
喜瑞飯店
台北市東西向快速道路
中央藝文公園
八德路二段
1
2
3
4
5
6
7
8
9
10
11
12
13
14
15

中山區

中山區景點列表

1. UR Living 生活美學
2. Deux Doux To Go
3. 高鼎砂鍋粥
4. 円山駅
5. 閃動格子
6. 逐愛轉運站 放感情
7. 港都熱炒
8. 栗林裏
9. 經國七海文化園區
10. 圓山西密道導覽文化之旅
11. 軟食力 Soft Power
12. 小品雅廚
13. 阿城鵝肉
14. 濱江果菜市場
15. 圓山花博市集 + MAJI MAJI 集食行樂

中山區是台北市核心地區之一，以文化、歷史、購物和美食的多樣性吸引旅客。這裏匯集了許多特色景點，滿足不同人的需求。

喜歡購物的話可以去中山站商圈，有新光三越和誠品生活，國際精品、本地設計品牌和文創商品都有。

美食愛好者不可錯過上引水產，這裏提供各款海鮮料理，深受本地人與遊客喜愛。旁邊的濱江果菜市場充滿本土風情，販賣本地盛產蔬菜和水果。

圓山花博每逢假日會舉辦台北最大型市集，有美食、手作、衣物、農產品，氣氛非常熱鬧。

對歷史與文化有興趣可造訪圓山大飯店和經國七海文化園區，深入了解台灣歷史。

交通方式

捷運

出發站	路線	到達站
忠孝復興站	文湖線	劍南路站 / 大直站
西門站	松山新店線	南京復興站 / 松江南京站 / 中山站
台北站	淡水信義線	圓山站 / 劍潭站

2024 年 5 月 OPEN

UR Living 生活美學

匯聚多個人氣服飾品牌

址 台北市中山區中山北路二段 16 巷 12 號　時 11:00~22:00
交 捷運**中山站** 4 號出口步行約 5 分鐘

中山區可能是台北最熱門的逛街好去處，逢週末都聚集無數潮人，除了新光三越、誠品生活等大型百貨，還有數之不盡的小店，當然不得不提新地標 UR Living 生活美學南西一店。全棟樓高七層，集合多個以女裝為主的人氣品牌和早午餐餐廳，喜歡逛街的可能會流連忘返！

PAZZO（1/F）

每次來 PAZZO 都人山人海，服飾整體來說屬於容易 Carry 類型，有些走型格路線，有些走舒適休閒感，不會太浮誇。

UR Living 是 "You Are Living Here" 的縮寫，以生活美學為主，不僅是購物、餐飲，更是一種生活方式。UR Living 匯聚各個本地及外國熱門品牌，風格迥異，大家可以在這裏找到屬於自己的獨特品味。

▶ 門口設有飲料放置區，未喝完的飲品要先放這裏。

UR AREA（B1/F）

經常有不同品牌的快閃店進駐，還有多重購物優惠。

▲ The Butters 奶油家族是 PAZZO 最有人氣的原創角色，與布甸狗聯乘的產品顏色柔和，散發着慵懶感。

▲ Haribo Candles 經典熊仔橡皮糖香薰蠟燭，獨特的造型和色彩讓人看着就感到愉悅。

MERCCI 22（2/F）

來到 2 樓，MERCCI 22 的 IP 熊公仔 Bobby & Bella 已在入口迎接。MERCCI 22 有時尚知性的成人服飾，也有可愛童裝。

▲ MERCCI 22 闢了一個地方做梳化休息區，十分貼心。

mouggan（3/F）

以中性設計為本，創出男女共穿的服飾系列。低彩度的色調展現內斂質感，單品具備細節，穿起來舒適自在又不失特色。

▲ mouggan 獨家販售的越南小眾品牌 waa. studios，有多款皮製手袋和鞋履。

溫馨提示

雖然 UR Living 生活美學南西一店在地址上屬於中山區，與赤峰街所在的大同區屬不同地區，但其實兩者就在附近，安排行程時可一併遊覽。

NAGUMO MIYUKI（4/F）

主力引進亞洲當季最熱門女裝，同時融入自家設計，創造出既休閒又時髦的穿搭風格。

WO5 Wellness On 5th 皮拉提斯（5/F）

5 樓是皮拉提斯教室，提供單堂體驗，須下載 App 才能預約。由於不是開放空間，就沒有進去拍照。

BRUN 不然早午餐（6/F）

時 08:30~22:00

BRUN 不然早午餐在台北有幾間分店，以具質感的早午餐為賣點。由早上八點半至晚上十點全天候供應 Brunch、意粉、甜品等，無論是想吃飽後去血拼，還是逛到累了來吃點東西補充體力都很適合。餐廳空間寬敞，大部分座位設於室內，但也有戶外區，可以出去拍照打卡。

2024 年 12 月 OPEN

Deux Doux To Go

吃一口雪糕，享受甜蜜的寧靜

址 台北市中山區吉林路 47-2 號
時 週三至六 12:00~19:00 時 週日至二
交 捷運松江南京站 8 號出口，步行約 4 分鐘

Deux Doux To Go 位置雖接近熙來攘往的大街，小小的店子卻散發着悠閒氛圍，坐在種滿植物的半戶外空間吃一口雪糕，可以暫時忘卻繁忙，享受甜蜜的寧靜。店主於法國研習甜品，不論雪糕還是糕點都有一定水準。

◀ **冰淇淋夾心達克瓦茲（NT$130）**

達克瓦茲（Dacquoise）是經典法式宮廷甜品，兩片鋪滿糖粒的杏仁蛋白餅表面酥脆、裏面輕盈，包着充滿茶香的伯爵奶茶味雪糕一起吃，甜而不膩，令人回味。

季節淹沒（NT$180）

即是 Affogato，濃苦的咖啡配上順滑的開心果味雪糕（季節限定口味），苦甜和諧平衡。

▶ 多款自家製手工餅乾，也可選購禮盒裝，NT$950 四罐。

▶ 提供免費紅茶自助取用，吃完雪糕可喝杯茶清清口腔。

2023 年 6 月 OPEN

富鼎砂鍋粥（中山南京店）

海鮮砂鍋粥＋台式熱炒

址 台北市中山區南京東路一段 44 號
時 11:00~14:00、17:00~22:00
交 捷運**中山站** 2 號出口，步行約 5 分鐘

說到砂鍋粥，一定會想到板橋老店六必居，但實在太難訂位了，曾經打了 70 通電話都打不通。有沒有其他選擇？有！富鼎砂鍋粥幫到你，味道不輸六必居，想吃砂鍋粥的話，我們絕對會再來這裏吃。

▲餐廳設有包廂，最低消費 NT$6,000。

▶除了砂鍋粥，還有不少特色熱炒小菜，如金沙藤椒鮮、豆酥扁鱈、果律鳳凰球等等。

◀砂鍋粥有分二人、四人、六人分量，亦提供個人套餐，無論是獨遊或一大班朋友都可以來吃。

▶我們點了南瓜海鮮砂鍋粥（二人份 NT$720），以原個砂鍋上桌，粥底鮮味十足，用料豐富，帶子鮮甜，墨魚丸彈牙，蝦全部開邊不用剝殼，十分貼心。粥底以老母雞、甘蔗和新鮮蔬果等熬成，吸滿精華的米粒香甜綿密。

◀冰梅山珍盤（NT$280）

有山藥、沙律菜、橙，再淋上酸酸甜甜的梅汁，清爽開胃。

▶金沙藤椒鮮（NT$380）

藤椒是青花椒的一種，氣味清香，配上濃味的鹹蛋黃、香料拌炒蝦和魷魚，微辣中帶麻，屬重口味之選。

◀豆酥扁鱈（NT$450）

豆酥是製作豆漿後剩下的豆渣，經乾炒後變得酥脆，口感有點像花生，咀嚼後滲出豆香，與滑嫩鱈魚一同吃，層次豐富。

2024 年 7 月 OPEN

円山駅

清甜入味關東煮

址 台北市大同區酒泉街 9 巷 13 號
時 週一至五 16:00~22:00、週六日 12:00~22:00
交 捷運圓山站 2 號出口步行約 1 分鐘

圓山捷運站對面有一棟日式建築，始建約於 1900 年，至今已有超過 120 年歷史，曾經是鐵路局圓山站副站長宿舍，經過修復和活化後，現在成為關東煮專賣店。

▼円山駅由百年古蹟修復而成，或許因為要維護古蹟，入內需要脫鞋穿襪。

關東煮種類超過 30 款，湯底清甜，煮物入味，吃完不會口渴，整體來說是好吃的。餐廳也有供應麵食如鍋燒意麵，當正餐吃也沒問題。

▲ 每款關東煮由 NT$25-$90 不等，每人最低消費 NT$200。

▲ 如果吃到開始覺得有點單調，蘸點醬料味道剛剛好。

▲ 關東煮高湯以昆布、柴魚和蔬果熬煮，清甜中帶點鮮味。高湯放在餐具區，可以自助加湯。

▲ 店舖面積不大，放不到十張枱，分為餐枱區、吧枱區和席地而坐的和室區。

▲ 吃關東煮怎能不吃獅子狗（台灣稱「竹輪」，NT$40），紮實彈牙不軟爛。

▲ 比較少看到關東煮有蘋果！原來是老闆在熬高湯時會加入蘋果，煮完後覺得丟掉可惜便吃吃看，意外發現很好吃，於是便推出了蘋果煮（NT$45/ 半顆），酸酸甜甜的，頗有趣。

▼ 玉子揚（NT$45），餐牌上寫說類似玉子燒，口感鬆軟，吸滿湯汁同時有蔥香蛋香。煮透了的白蘿蔔甘甜入味，入口即化。

▶ 店內有一部日本清酒機，供應 10 款清酒及果實酒試喝。以 NT$100 購買 3 個代幣可試飲 3 杯，喝到喜歡的再跟店員下單來配關東煮。

2023 年 11 月 OPEN

閃動格子
台北旗艦店

色彩繽紛 + 緊張刺激的 LED 體感遊戲

址 台北市中山區德惠街 23 號　時 09:00~23:00（預約制）
網 www.cybercube.com.tw
交 捷運**中山國小站** 1 號出口步行約 7 分鐘

台北有沒有一些適合情侶或團體的緊張刺激活動？有，「閃動格子」一定滿足到你！

▲ 建議帶一套衣物來替換，因為會玩到爆汗。

◀ 挑戰前要先簽署「活動免責與風險承擔聲明書」，每位玩家會有一支水和一罐補給飲料。

「閃動格子」是**台灣首創的感應式 LED 地磚體感遊戲**，玩家需要在不同顏色的 LED 地磚上跑動和跳躍，不斷完成關卡任務進級。遊戲結合運動和視覺刺激，考驗玩家的反應和速度，是全新的玩樂體驗。費用每人 NT$200~$800 不等，視乎人數、時段、挑戰區而異。注意，由於場地常常爆滿，記得要先在官網預約。

遊戲規則

遊戲規則很簡單，LED 地磚的顏色會不停改變，玩家要「站在綠色、按下藍色、躲避紅色」，站在紅色就會被扣分，當所有藍色被按成綠色，關卡就會結束並計分，成功就進級挑戰下一關，失敗就重新挑戰，愈後的關卡速度愈快、圖案愈複雜，會越來越刺激。

▲「閃動格子」有三個挑戰區：64 格（適合 1 - 2 人）、480 格（適合 2 - 10 人）、225 plus（適合 2 - 6 人），遊戲時間 45 分鐘 + 解說 15 分鐘。64 格和 480 格挑戰區只得地板有 LED 燈，玩法比較簡單；225 plus 除了地板，四面牆都有 LED 燈，需要手腳並用，最刺激好玩。

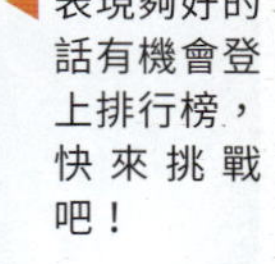

◀ 表現夠好的話有機會登上排行榜，快來挑戰吧！

◀ 另有周邊產品販售，如 Tee、防滑襪和毛巾等等。

▲ 休息室設有儲物櫃和風筒，另外可以坐在這裏一邊休息一邊欣賞其他玩家挑戰。

2023 年 7 月 OPEN

逐愛轉運站 放感情

復古台式餐酒館

址 台北市中山區中山北路二段 39 巷 20 號
時 週日至四 18:00~02:00、週五六 18:00~03:00
交 捷運**中山站** 3 號出口步行約 7 分鐘

▲「逐愛」門面非常吸睛，路過一定會被吸引駐足觀看。設計好像台灣舊時的轉運站，有站牌和候車的粉黃粉綠色椅子，如果時光倒流幾十年，真的會以為這裏是轉運站。

單看「逐愛轉運站 放感情」這名字，會以為是跟聯誼或相親有關的店舖，但其實它是一間台式餐酒館，提供台灣菜式和各類酒精飲品，是個無論吃正餐、喝酒或宵夜都適合的地方。

▲店內裝修走復古風，而且十分注重細節。每晚會播放不同主題及年代的歌，從懷舊華語歌到 KPop 都有，有氣氛有情調，適合情侶或三五知己約會。

「逐愛」的食物精緻好吃，一點都不馬虎，偏重口味，很適合送酒。從沙律、冷熱下酒菜、肉類、炸物、飯麵到甜品，統統都有。菜式很有台灣特色，例如會用三杯、刈包、豬血糕、古早味蛋糕等來做出特別菜式。

▶ Menu 是一本復古風手繪雜誌，歡迎旅客蒞臨轉運站展開旅程，充滿儀式感。

◀ 常常搞轟趴（NT$380），用豬血糕、台灣香腸、德國腸和酸菜做的雜燴，帶點麻辣，佐酒一流。

▲ 鴨賞（一種風乾鴨子的製作方式）季節沙拉（NT$360），用台灣特產鴨賞做沙律，很有特色。

◀ 也有少量無酒精飲料可以選擇，這杯「樂樂」（NT$300）是以芒果、薄荷、橙汁混成。

▲ 酒精飲品款式也超多，每款 Cocktail 都配搭獨有裝飾。我們點了「巴士冰茶」（NT$350），是用東方美人茶、椰子、蜂蜜香蕉和金桔慕斯調配而成，非常好喝。

▲ 品嚐美食之餘也不要錯過這裏的裝潢佈置，天花板上安裝了公車扶手，很有趣。

◀ 店員還送了兩小杯特調飲品給我們，一杯有酒精，一杯沒有。

▲ 餐廳大門一邊拉一邊推，十分搞鬼。

中山區

港都熱炒

很適合遊客的精緻熱炒

址 台北市中山區民生東路一段 52 號　時 17:00~01:00
交 捷運**雙連站** 1 號出口步行約 7 分鐘

港都熱炒很受歡迎，每晚都座無虛席。

來台北旅行，怎能錯過地道台式熱炒？熱炒店是台灣人最喜愛的聚餐地方，不僅菜式豐富，分量十足，而且氣氛很熱鬧，有點像香港的大牌檔。想體驗熱炒文化，品嚐台式小菜如三杯雞、九層塔炒蜆、酥炸龍珠等的話，可以將「港都熱炒」放進行程入面。

我們點了四道小菜，分別是炒水蓮、地芋肥腸、鐵板豬肝和鳳梨蝦球，連同飲品，價錢大概 NT$1,200。小菜都很有水準，鑊氣十足，分量正常，味道中上。

港都熱炒旗艦店 2021 年於中山區開業，從捷運雙連站走過去不到 10 分鐘，對遊客而言很方便。店面新淨光猛，不像其他熱炒老店陳舊髒亂，而且冷氣充足，吃得舒適。點餐用電子平板，看相片就知道是甚麼菜式。

▲有過百款菜式，火烤類、火鍋類、熱炒類、酥炸類、三杯類、鐵板類、煲仔類、青菜、湯和飯麵等等。點餐時可以調整味道，包括可選辣度、少油少鹽、吃素、薑等等，十分貼心。

▲台灣熱炒和香港大牌檔最大分別是，台灣熱炒是「白飯任吃、飲品自取」，要自己出去盛飯和拿飲品，白飯是免費的，飲品就逐支計錢。

▲「18 天」是我們最喜歡的台灣啤酒，清爽不苦，推薦大家試試。

▲雪糕也是自助任吃，有 6 種口味。

▲食材都會列明產地和是否「產銷履歷食材」（追蹤食品由生產、加工至販售的履歷過程），更獲得「星級溯源餐廳評鑑」3 星評價。由於使用的食材都是「產銷履歷」，價格會比一般熱炒店稍高，但能夠吃得安心，貴一點也值得。

台港差異小知識

台灣人習慣將食物放在碟上，碗用來盛飯和湯，骨和廚餘會丟進桌上包了膠袋的小鐵筒裏，跟香港的習慣不同。

2023 年 2 月 OPEN

栗林裏

大開眼界的甜品盛宴

址 台北市中山區北安路 630 巷 25 弄 1 號
時 週四 12:30~14:30、週五至一 12:30~21:30
休 週二、三
交 捷運**劍南路站** 2 號出口步行約 10 分鐘

▲兩位主廚 Wise 與 Sylvia 的老家在台中市潭子區栗林里，故餐廳以此為名。

▶ 用餐前主廚先講解餐點的構想，讓大家摸摸看屏東產的可可果、品嚐原粒可可果實和可可果實茶，接着才端出各款可可果甜品，感覺好像上了一堂甜品藝術課。

開始介紹之前先說最重要的資訊，栗林裏是一間**全預約制的甜品概念餐廳**，現場不會有額外座位，所以千萬不要 Walk in！店內只有一張吧枱，把空間分成兩邊，一邊擺放了 12 個座位，主廚則在另一邊製作甜品。在這裏，甜品不僅是甜品，更是一場視覺味覺的藝術饗宴。

小貼士

栗林裏每月 16 日晚上 10 點會開放下個月訂位，只接受網上餐廳訂座系統 inline app 預約，並須以綁定信用卡方式收取訂金。這間是預約困難店，往往在開放訂位的一分鐘內被訂光，但仍很值得一試。

栗林裏有兩個套餐，包括 9 道甜品的 Tasting menu（NT$2,200+10%）和附鹹食的晚餐 Parfait set menu（NT$1,500+10%）。預約時只知道當季主題，不知道完整菜式，可說是**甜品界的無菜單料理**，主題會按季節更換，每次來都會有驚喜。

我們體驗的是 Tasting menu，主題是「屏東可可」，我對甜品的認知甚少，一聽到可可便以為是朱古力蛋糕、撻、慕絲或雪糕之類，本來擔心連吃 9 道甜品會很膩，但嚐過後徹底顛覆我對甜品的印象。主廚打破傳統框架，將甜品重新解構與重組，以前菜、沙律、湯、主食、甜品等方式呈現，雖然幾乎全是甜的，卻絲毫不覺得膩。

▲主菜「匠墨」手卷，以烤過的紫菜包着茄子、紫蘇葉和 85% 朱古力醬，將三種味道強烈的食材完美地融合，誰也不蓋過誰，令人驚艷！

▲最後兩道菜真的是甜品，「歌劇色」是將歌劇院蛋糕以分散的方式呈現，但仍然濃郁甘甜；「紅葉」即是黑森林蛋糕，蛋糕現場即烤外酥內軟，放在上面的「車厘子」原來是士多啤梨慕絲。

▼沙律「果紅」、前菜「蜜橙」、讓味蕾重置的「緋紅」，每道菜都在意想不到的地方加入了可可果元素，味道千變萬化，不是只有朱古力味。

▶餐廳另提供 Wine pairing 和 Tea pairing（NT$1,000/ 位），約有 4 款酒或茶來搭配甜點。

經國七海文化園區

探索台灣歷史文化必訪

址 台北市中山區北安路 301 號　時 週二至日 09:00~17:00　休 週一
費 陳列廳（不包含七海寓所）：全票 NT$100、優待票 NT$50，
參觀聯票（全區）：全票 NT$180、優待票 NT$90
網 https://ccklibrary.org.tw
交 捷運**大直站** 1 號出口步行約 15 分鐘，或的士前往。

經國七海文化園區是對歷史文化有興趣之士必訪景點，這裏不僅保留了台灣前領導人蔣經國的故居，還展示他的生平事蹟和重要政績，是一個能深入了解台灣歷史的好去處。

▲ 園區不定時關閉，導賞也有人流和時段限制，想去的話最好先在網上預約。

▲ 七海寓所

▶ 園區內的庭園景觀十分清幽，正中央的七海潭旁邊種滿綠色植物，並設有環湖步道，可以一邊漫步，一邊欣賞七海潭和劍潭山的美景。可惜我們去的當天七海潭正在維修，不然的話景色會更美。

這裏原是台灣前領導人蔣經國的私人住所「七海寓所」，他在此度過了生命中的最後十年。參觀者可以在導賞員的帶領下參觀寓所，裏面展示了許多蔣經國的私人物品，如書桌、藏書以及他日常使用的器具，可以親身感受其生活點滴。不過寓所範圍禁止拍攝，想看的話就要親身去了。

▶ 除了七海寓所，園區內還有兩個陳列廳，第一陳列廳的主題是「台灣現代化的推手」，介紹蔣經國的生平事蹟、家庭生活和重要政績。

▲ 第二陳列廳主題為「歲月沉思錄」，展示了他的日記和書畫作品，讓人認識他的另一面。

▲ 在展廳內，可以戴上耳機，聆聽專家解說日記內容。

▲ 陳列廳內也有紀錄片播放。

▲ 參觀完可以順便到園內的 Wave 餐廳用餐，正餐和茶點都有。餐廳就設在湖邊，可以坐在室內或戶外邊用餐邊觀賞美景。

▲ 商店販售相關紀念品。

▲ 也可蓋印章留念。

圓山西密道導覽文化之旅

圓山秘道導賞，揭開秘道神秘面紗

址 台北市中山區中山北路四段 1 號圓山大飯店　時 10:00、14:30、15:30
費 成人 NT$250、6-12 歲兒童 NT$100
網 www.grand-hotel.org
交 捷運**圓山站** 1 號出口乘圓山大飯店免費接駁車，或步行約 5 分鐘

傳聞圓山大飯店地下有條秘道讓政要逃生？秘道入面有滑梯？原來是真的！想窺探秘道的神秘面紗嗎？現在有機會了！

◀ 赫赫有名的圓山大飯店隱藏着兩條秘道。

西密道入口

飯店當年為到訪政要建造了兩條秘密通道──東密道與西密道，用作緊急避難和撤離之用，這是西密道入口，東密道入口在大廳另一邊。

▼ 密道空間狹小，而且故意設計到彎彎曲曲，防止敵人追捕。

圓山大飯店分別在 2019 年和 2021 年，開放西密道和東密道給訪客參觀。東、西密道均**只開放給飯店住客和預訂飯店餐飲專案的顧客參觀**。這篇就和大家一起走進西密道一探究竟！

「圓山西密道導覽文化之旅」不僅只帶訪客探索西密道，也會導覽圓山大飯店，介紹大廳落地門、梅花藻井、文化走廊、百年金龍等。導賞員會講述飯店歷史、建築特色、重要事件和一些小故事，是個很全面的導覽之旅。

▲ 導賞全長大概 1.5 小時，完全沒有覺得沉悶，彷彿走了一趟歷史之旅。導賞員講解得生動有趣，讓我們增長了知識，很推薦大家參加。

▲ 百年金龍，前台灣神社的三爪金龍，擁有百年歷史。

▲ 飯店大廳富麗堂皇，有很多紅色柱子，透過導賞會了解其設計概念。

▲ 密道內的燈和牆壁是經過特別設計，導賞員有詳細介紹，至於用意為何？留待大家親自揭盅。

◀ 西密道設置了又長又斜的滑梯（東密道沒有），讓政要可以快速逃生，滑梯盡頭向前走就是出口。一直有謠傳指密道連接總統府和松山機場，真正出口在哪裏？先賣個關子，讓大家參觀時自己發現吧！

▲ 由於滑梯太斜，滑下去容易受傷，所以不開放試滑，但可以坐在末端拍照。

▲ 文化走廊張貼了歷年入住圓山大飯店的政要和名人照片，導賞員會分享這些名人的小故事，例如「喜歡吃甚麼早餐」、「在圓山入住時的趣事」等等。

軟食力 Soft Power

台北最強粉漿蛋餅，米芝蓮推薦

址 台北市中山區民權東路二段 135 巷 30 弄 21 號
時 07:00~14:00
交 捷運**行天宮站** 3 號出口步行約 8 分鐘

軟食力 Soft Power 是北部少見的粉漿蛋餅早午餐店，在 2024 年獲得米芝蓮推薦，被稱為「**台北最強粉漿蛋餅**」，是近期人氣最高的早午餐店之一。

軟食力在行天宮的小巷中，從捷運行天宮站走過去大概 8 分鐘。

店鋪走台式文青簡約風，給人懷舊舒適的感覺。

▲▶ 豆乳雞軟蛋餅 + 炸湯圓

蛋餅煎得香脆，裏面軟嫩，豆乳雞十分入味；炸湯圓是早午餐店少見的點心，可以一試。

店家提供多達 14 種創意口味，餡料非常特別，有黑糖麻糬、焢肉、豆乳雞、吻仔魚等等。我們點了豆乳雞軟蛋餅和花生豬饅力堡，都加了升級套餐（點心 + 飲料），點心的選擇很多，有紅豆麻糬酥餅、地瓜球、爆汁葱肉餅、炸湯圓等等。餐點都是即叫即做，要耐心等候。

花生豬饅力堡 + 爆汁葱肉餅

饅力堡是另一招牌食物，用黑糖饅頭取代一般的漢堡麵包，做成饅頭漢堡包。饅力堡很巨型，超級飽肚；爆汁葱肉餅爆汁又香口，也是早午餐店少見的點心。

飲品點了手炒黑糖豆漿和客家擂茶豆漿，兩杯都很有特色，味道亦不錯。

我們是平日中午時段去到，排隊的人雖不算多，但拿號碼牌後也等了 30 分鐘才能入座。因為樓上是住宅，為免騷擾住戶，叫號機並沒有聲音提示，記得留意以免過號。

「人生硬着幹，蛋餅軟着吃」，台灣人的幽默。

小品雅廚

體驗台灣人
地道日常飲食

址 台北市中山區中原街 130 號
時 18:00~05:00
交 捷運**中山國小站** 3 號出口步行約 5 分鐘

台灣有一種餐廳專門供應清粥小菜，「小菜」的意思有別於香港酒樓或大牌檔的鑊氣小菜，而是指小碟的簡易菜式，分量較少，通常是冷食。於 2024 年獲得米芝蓮必比登推薦的「小品雅廚」，提供 20 道台灣家常小菜。隨喜好挑選幾款，再配一碗白粥，簡簡單單也美味。

約有十幾款菜式，如煎魚、乾燒茄子、滷白菜、炒菜等，都是台灣家常菜。看到想吃的直接跟吧枱後的店員說，她就會盛一碟給你。

清粥類似潮州粥，未完全爆開的米粒帶着純粹旳米香，配小菜一起吃，味道更豐富。

我吃清粥小菜的經驗不多，幾乎都是在台灣酒店的自助早餐品嚐，所以第一次去只供應清粥小菜的「小品雅廚」，對整個點餐過程感到十分新奇。店員帶我們入座後，問我們吃粥還是飯就走開了。我們張望了一下，發現客人魚貫走到小菜吧枱前，從起點處拿起托盤，沿着吧枱慢慢往前，途中看見喜歡的就直接跟店員說。我們最終拿了 5 道小菜，而一開始叫的清粥呢？原來已一早在桌上等我們回來。

最後選了 5 道菜：季節青菜、番茄炒蛋、魩仔魚（即白飯魚）、麵輪和蜆仔。大約 NT$40 至 NT$80 一碟，分量不多，可以品嚐多種菜式。

雙冬麵輪（NT$60），用冬菇和冬筍來滷麵輪，麵輪吸滿滷汁十分入味。

作為海鮮控看到蜆仔（NT$80）立即要一碟，本來擔心會有腥味，但吃下去發現只有美味！醬料不死鹹，嚐得出蒜頭香氣和辣椒的微辛，滑嫩的蜆仔滿載醬汁，吃到停不下來。

吃到一半發現其他食客在喝湯，怎麼在小菜區沒看到？原來要跟店員下單。當天是竹筍排骨湯（NT$50），台灣的喝湯文化與香港不同，主要是吃湯裏面的食材，湯水味道較清淡。

我們點了 5 碟小菜、4 碗清粥和一碗湯，聽起來好像很多，但其實分量偏少。這裏的價格比其他同類型清粥小菜稍貴一點，以上盛惠 NT$440。

中山區私藏
好去處

連續五年米芝蓮必比登推薦

阿城鵝肉吉林二店

址 台北市中山區吉林路 162 號
時 11:30~21:00
交 捷運**行天宮站** 1 號出口步行約 7 分鐘

鵝肉是我喜歡的台式料理之一，喜歡其肉質緊密細嫩，油脂香、肉味濃，可是美味的鵝肉不是到處有，曾經吃過又乾又柴咬不開只能用吞的，此後吃到出色的鵝肉都心存感恩。

在店門旁邊拿號碼牌後等待叫號，等位時間真的看運氣，我們來過幾次，最長試過等 30 分鐘，最快只等了 5 分鐘。

櫃台處有售阿城鵝肉的自家醬料，有鵝油香葱、鵝油香蒜、古早味葱味鵝油和鵝油辣椒。

鵝肉分為白斬和煙燻兩種口味，白斬鵝以鹽水浸泡，保留鵝肉的原汁原味；而招牌煙燻鵝則以純蔗糖慢慢燻製，外皮呈古銅色澤，吃起來不僅有淡淡煙燻香，肉質更是鮮嫩多汁。如果只能選一種，建議一定要試試煙燻鵝肉。

落單時也可指定鵝的部位，前半段肉質扎實，較為精瘦，後半段（NT$320 / 小、NT$420 / 大）則油花豐富，口感軟嫩，尤其是後半段的鵝脾肉，回味無窮。

而阿城鵝肉堪稱美味的佼佼者，完全滿足我對鵝肉的期望，幾次回訪仍能保持水準，難怪能連續五年獲選米芝蓮必比登推薦！中山區吉林路上有兩間阿城鵝肉，吉林店只做外賣，要到**吉林二店才可堂食**，大家記住不要跑錯店喔！

鵝油拌飯（NT$25）吸收了鵝油很香口，雖然吃到最後有點油膩，但如果只來一次，怎樣也要試試看。

醬料區有七、八種醬料供自助取用，有蒜頭、小辣椒、鵝油辣椒、鵝汁醬油等，我們只拿了鵝肉沾醬。不過鵝肉本身已很夠味，就算不蘸醬也好吃。

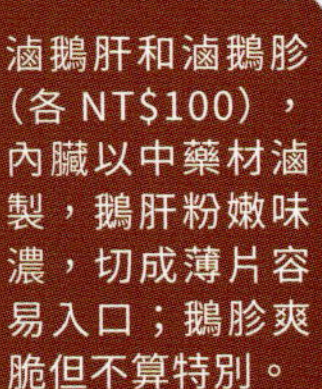

滷鵝肝和滷鵝胗（各 NT$100），內臟以中藥材滷製，鵝肝粉嫩味濃，切成薄片容易入口；鵝胗爽脆但不算特別。

鵝腸湯（NT$70 / 小）相較之下有點平平無奇，鵝腸爽彈過頭，味道較淡。

蒸過的米血糕（NT$50 / 小）軟糯得來有咬口，配花生粉和芫荽一起吃很有台灣風味。

麻辣鴨血（NT$90 / 小）挺身飽滿，一口咬下瞬間破開，入味多汁。

中山區私藏
好去處

台北最大果欄

濱江果菜市場

址 台北市中山區民族東路 336 號
時 週二至日 06:00~11:00　休 週一
交 捷運**行天宮站** 3 號出口轉乘的士約 5 分鐘

雖然是批發市場，但幾乎每一檔都可以散買，也可選禮盒裝。

台灣水果種類繁多，全年都能品嚐不同的當季水果，除了在遊客區買現切水果，還可以到濱江果菜市場購買。

這裏是台北最有規模的蔬果批發市場，價格實惠，質素有保證，本地人也會來買菜買水果。果菜市場有點像油麻地果欄，集合了多間水果供應商，時令水果琳琅滿目，可批發可零售，看到想吃的就直接購買，只買一個都沒問題！

若想將水果帶回港，買之前記得跟老闆說，老闆會幫忙挑選合適的熟度，也會教你保存方法。

果皮呈深紅色的黑糖蓮霧比一般蓮霧飽滿大顆，清爽且甜中帶微酸，經過改良後比較不澀口。

市場內有一間「北農嚴選」的店舖，販售各式農產品和特產，例如果乾、蜂蜜、醬料等。

我有些朋友愛買台灣米回港，北農嚴選裏有不少選擇。

紅肉火龍果是我最愛的水果，清香多汁，白肉火龍果完全沒法比。火龍果有分不同尺寸，當天買的這個有半個頭那麼大！

濱江果菜市場的另一邊是蔬菜批發，街市菜販和餐廳廚師都會在這裏入貨，蔬菜確實新鮮，本來只是來拍照的我們也忍不住買了幾袋菜。

色彩鮮艷的甜柿脹卜卜，看起來很好吃。

小知識：台灣當造時令水果

春天（3 月至 5 月）
車厘茄、蜜桃、枇杷、李子、梅子

夏天（6 月至 8 月）
芒果、百香果、西瓜、香瓜、哈密瓜、荔枝

秋天（9 月至 11 月）
文旦、柿子、火龍果、蜜蘋果

冬天（12 月至 2 月）
柳丁、茂谷柑、釋迦、蓮霧、水梨、士多啤梨

一年四季
芭樂、木瓜、鳳梨

果菜市場的正對面就是港人愛去的上引水產，買完蔬菜水果就去吃海產和壽司吧！

台北最大最熱鬧的市集

圓山花博市集

MAJI MAJI 集食行樂

址 台北市中山區玉門街 1 號
時 MAJI MAJI 集食行樂：11:00~21:00；花博市集：週六日 11:00~21:00
交 捷運**圓山站** 1 號出口步行約 5 分鐘

你喜歡逛市集、品嚐地道美食、發掘有創意的文創商品嗎？喜歡的話一定要來圓山花博！這裏有全台北最大的特色市集，是個融合了自然、文化與美食的好地方，而且就在捷運圓山站旁邊，交通十分方便。

每逢週末或假日期間，圓山花博都會同時舉辦多個主題市集，例如本地農產品市集、服飾市集、台灣小吃市集，在特別節日更會加開季節性的特色市集，這些市集分佈在花博公園不同區域，氣氛十分熱鬧。

農產品市集除了有本地農民種植的蔬菜和水果，也有白米、蜂蜜、果汁、茶葉和果醬等產品，非常吸引。

市集旁邊就是花博公園，周圍綠意盎然，在天氣涼爽的季節，會有不少情侶和朋友在此聚會，一家大小也會來這裏放鬆。

小朋友可以在戶外奔跑，也可以租用款色多樣的電動車享受「駕車」樂趣；大人也能悠閒地享受美食與購物，欣賞街頭藝人表演。

▲ MAJI MAJI 集食行樂

除了假日市集，圓山花博還有每天開放的固定部分「MAJI MAJI 集食行樂」。MAJI 有商店、文創手作攤位、女貨櫃屋、餐廳和酒吧，提供多國料理，韓式、泰式、巴西、阿根廷、西式等，應有盡有。可以買些啤酒和小吃在外面吃，或者坐在餐廳裏享用。

各式各樣的餐廳。

賣小吃的貨櫃市集。

MAJI 內的神農市場專售台灣出產的食材，有蜂蜜、果醋和調味料等等。

MAJI 裏的玻璃屋市集假日才開放，有各式各樣手作製品。

大安、松山區

大安區位於台北市中心，是市內人口密度最高的地區之一，不少旅遊景點都位於此。以「台北之肺」大安森林公園為地標，適合散步、慢跑或野餐。遊客熟悉的永康街亦在這區，牛肉麵和芒果雪花冰是必吃。喜歡逛夜市的可以到臨江街觀光夜市（又稱通化夜市），有接近 200 檔美食小吃，從捷運站走過去只需兩分鐘。近年開放的榕錦時光生活園區，修復並活化了日治時代古蹟，吸引餐廳、茶館、選物店進駐。

除了著名景點，大安區內美食雲集，從貴價餐廳到隱世小店多不勝數，只要細心發掘，定能吃得滿足。

大安區交通便利，有多條捷運線貫穿全區，方便遊客快速連接其他景點。去台北旅遊不妨到大安區探索一番，感受這區域的獨特魅力。

交通方式

捷運		
西門站	板南線	忠孝復興 / 忠孝敦化 / 國父紀念館站
台北車站	淡水信義線	東門 / 大安 / 信義安和站

大安區景點列表

1. Barista Ray Coffee
2. Hama Hair Spa 越式洗髮
3. 0km 山物所
4. Meerkat75 Café
5. 宣牛溫體牛肉火鍋
6. Wagyu Mania
7. Pang Taco 胖塔可
8. 榕錦時光生活園區
9. 臺虎居餃屋
10. 京町山本屋
11. libreadry 巢屋
12. 竣師父牛肉麵

大安、松山區

而與大安區只是一街之隔的松山區位於台北市的東北部，是個非常繁榮的區域。饒河街夜市是美食愛好者必到之處，胡椒餅、藥燉排骨等地道小吃深受歡迎。台北小巨蛋則是音樂與體育迷的熱點，經常舉辦國際級演出與賽事。購物的話有微風南京購物中心，裏面有不少時尚精品和餐廳。民生社區則展現松山區的寧靜一面，滿街文青咖啡店與特色餐廳，充滿悠閒氛圍。此外，松山區交通便利，坐捷運就能輕鬆抵達，對旅客來說十分方便。

交通方式

捷運			
忠孝復興站	文湖線	→	南京復興站 / 中山國中站 / 松山機場站
中山站	松山新店線	→	南京復興站 / 台北小巨蛋站 / 南京三民站 / 松山站

松山區景點列表

13 大魯閣 Roller186 滑輪場

2024 年 11 月 OPEN

Barista Ray Coffee

台南北上最強燕巢芭樂咖啡

址 台北市大安區忠孝東路四段 248 巷 11 號
時 10:00~18:00
交 捷運**忠孝敦化站** 4 號出口步行約 5 分鐘

Barista Ray Coffee 隱身在捷運忠孝敦化站附近的弄巷內，是台南北上的咖啡店，**老闆曾經拿過世界拉花比賽冠軍**，甫開幕已成為人氣咖啡店，咖啡愛好者都搶着來嚐鮮和打卡，常常大排長龍。

▲咖啡店空間不大，只有大概 10 個座位，主要以外賣為主，想堂食的話要碰碰運氣。

◀招牌是燕巢芭樂咖啡（NT$170），用新鮮芭樂（番石榴）打成果汁加入黑咖啡，然後在上面放一串甘草芭樂，外觀十分精美，打卡一流。可以喝到濃濃的芭樂味，跟咖啡混在一起十分清爽，清甜而不過苦。芭樂十分爽脆，甘草粉甘甜，可以沾咖啡來吃，又甜又苦好有趣。

這家店**主打水果咖啡**，運用台南在地水果融入咖啡中，滿滿台南風味，例如燕巢芭樂咖啡、台南麻豆金桔咖啡、阿嬤釀の脆梅咖啡等等，非常有特色。除了咖啡，也有非咖啡飲料，如檸檬乳、青檸芭樂、焙茶牛奶、小黃瓜紫蘇冰沙等等。

▲ 店內放了招牌燕巢芭樂咖啡的模型。

▲ 點餐窗口是圓形的，能看到店內環境，設計感十足。

▶ 有少量自家烘焙的咖啡豆和掛耳咖啡包可以選購。

▲ 青檸芭樂（NT$140）微酸醒神，青檸和芭樂味都很濃郁，是不喝咖啡者的好選擇。

▼ 人手繪畫 Menu，很有個人風格。

大安、松山區

2024 年 5 月 OPEN

Hama Hair Spa 越式洗髮

身心靈放鬆之旅

址 台北市大安區忠孝東路四段 216 巷 11 弄 8 號
時 10:00~00:00
交 捷運忠孝敦化站 3 號出口步行約 5 分鐘

▲ 與一般越式洗髮店不同，Hama Hair Spa 的裝修簡約有質感，散發着悠閒舒服的氣氛。

過去一兩年，越式洗髮在台灣蔚為成風，曾經在一條街上看見四間越式洗髮店。這股風潮與台越跨國婚姻不無關係，不少越南女生嫁到台灣後，將家鄉的洗髮與按摩技藝帶來。越式洗髮不是只有頭髮清潔，還包括頭皮按摩、肩頸舒壓以及水療等，體驗過後讓人身心舒暢。愛去台灣按摩的你，若還未試過越式洗髮，不妨也試試這個既能享受按摩又能護理頭髮的療程。

▼ 如果情侶一起來，會獲安排在男女共用區域，每張床之間以布簾分隔。

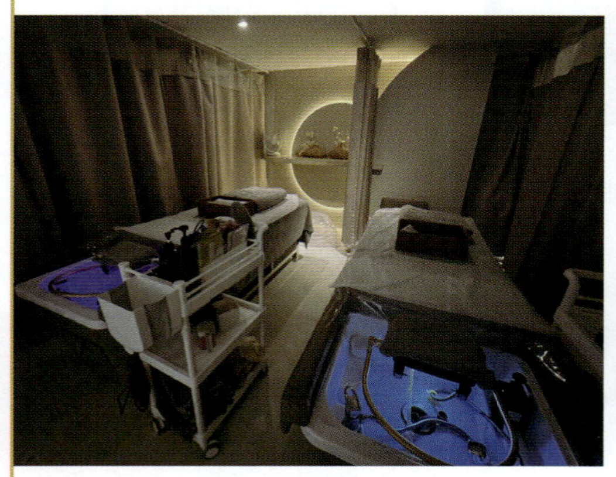

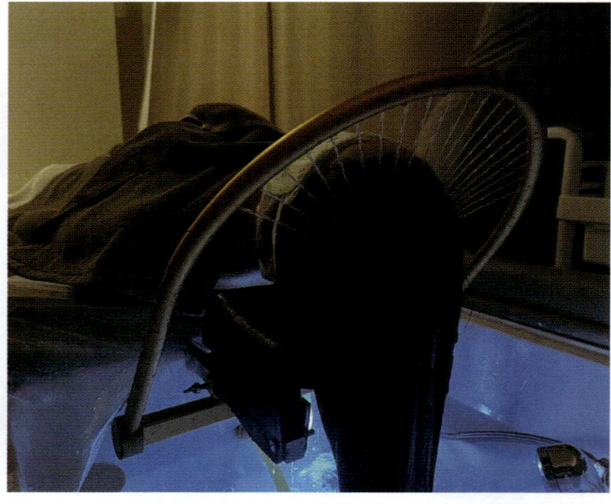

▲ 頭部 Spa 水循環是全方位的水療按摩，多條小水柱輕柔地沖刷頭皮，彷彿所有疲倦都隨水流走。

共有五種套餐選擇，我選了 Combo 1「頭頸肩芳療舒壓洗髮」（NT$1,500 / 60 分鐘），包括頭部經絡及梳髮按摩、頭肩熱石按摩、洗頭兩次、護髮按摩及吹頭髮，另外加購了頭部 Spa 水循環（NT$500 / 15 分鐘）。其他套餐包含背部熱石按摩、臉部經絡按摩等。

▲可以仔細聞聞再決定用哪一款按摩精油和洗髮露，有些產品更是由越南進口。

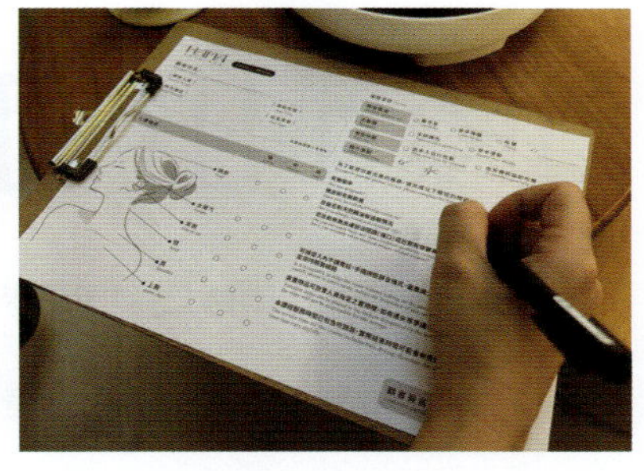

▲開始前需要先填寫資料，讓按摩師了解你的喜好和身體狀況。

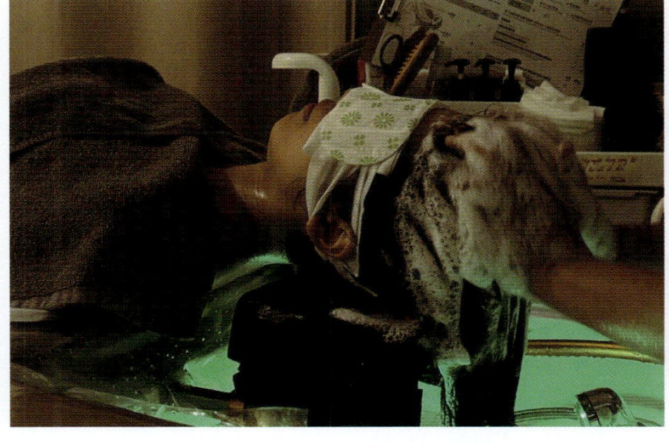

▲一邊洗髮一邊按摩頭部，越南籍按摩師手法溫和，讓人放鬆。

▲完成按摩和洗頭後到獨立房間吹頭髮，可以選擇自己吹或由按摩師代勞。

▲店內深處設有女性專屬空間，有房門隔開，私隱度高。

▲吹頭髮前，按摩師會先噴頭皮水保濕，吹完後亦會抹上髮尾油。

▲最後到休息區享用熱茶和小點心，稍作休息後才離開。

2024 年 3 月 OPEN

0km 山物所

城市中的山林秘境，活化百年日式町屋

址 台北市大安區金山南路二段 203 巷 21 號
時 11:00~19:00
交 捷運**古亭站** 5 號出口步行約 8 分鐘

位於台北市大安區的 0km 山物所，前身為日治時期台灣總督府山林課的木造宿舍群，是台北市保存最完整的日式町屋之一。

經過修復，這座百年建築現已轉型為以台灣山林為主題的概念店，結合選物、咖啡與展覽，讓訪客在城市中體驗大自然的氛圍。

▲ Coffee Law 山物所是連鎖咖啡店 Coffee Law 在 0km 山物所開的分店，將日式老屋活化而成，全室鋪上榻榻米，所以入內需要脫鞋。

▶ 除了咖啡和茶，還提供輕食和蛋糕，我們點了瀑布提拉米蘇配咖啡和茶一起享用。

▲ 原茶葉套餐，含一壺原茶葉沖泡的茶，和一杯鹽昆布焙茶爆谷。

▲ 青皮甘蔗美式，將高壓冷萃的甘蔗汁加入意式咖啡中，味道清甜醒神，是味道不錯的特色咖啡。

▲ 我們選了不含咖啡因的焦糖風味博士花草茶，有清香的花草味。爆谷焙茶味超濃，又帶點鹽昆布味，又甜又鹹很好吃。

▲ 店內陳列與山林生活相關的商品，如衣物、飾品、皮革和陶瓷等等，還有各式各樣的手信。

大安、松山區

2024 年 1 月 OPEN

Meerkat75 Cafe

與狐獴近距離互動

址 台北市大安區敦化南路一段 295 巷 32 號
時 週二至日 11:30~13:30、14:00~16:00、16:30~18:30、19:00~21:00 休 週一
網 https://reurl.cc/nrLmAe
交 捷運**信義安和站** 1 號出口步行約 6 分鐘

想跟超可愛的狐獴近距離互動嗎？Meerkat75 Cafe 絕對是首選！除了可在觀賞區隔着玻璃看狐獴，每組客人有 15 分鐘互動時間，可進入互動區與狐獴來個近距離接觸，順利的話還可以抱着狐獴合照。看着可愛的狐獴時而追逐，時而沉睡，時間不知不覺就流逝了，最後每個人都帶着滿足的笑容離開。

▲餐廳環境乾淨沒有異味，進出互動區要消毒雙手。

◀店內約有 6、7 隻狐獴，站在觀賞區前看活力十足的牠們追逐玩耍，十分治癒。

餐廳採預約制，需先在網上訂位，每日有四個入場時段，分別是 11:30、14:00、16:30、19:00。每節兩小時，進入互動區需年滿六歲。

▲ 店員說，老闆每晚都會接狐獴回家照顧，不會獨自留在餐廳內過夜。

▲ 常以為這類動物主題餐廳的食物水準都很普通，我們本來不抱任何期望，結果出乎意料地不錯吃。圖左至右為：炙燒嫩煎牛松露燉飯、鮮果冰茶、碳烤雞腿暖沙律。

▲ 與狐獴互動時，店員會指示大家盤腿坐在地上，並蓋上珊瑚絨被，然後耐心等待牠們靠近，不要急着抱起。

▲ 抱着狐獴，就像抱着細小的貓 BB。本以為牠們的毛又硬又刺，沒想到原來頗柔軟的。

▲ 這裏的狐獴不怕人，會主動找人玩，抱在懷中亦不會掙扎，猜想是店員平常友善對待牠們的緣故。

2023 年 10 月 OPEN

宣牛 溫體牛肉火鍋

在台北品嚐台南地道火鍋

址 台北市大安區光復南路 290 巷 5 號
時 週四至二 12:00~21:30（20:00 最後入座） 休 週三
交 捷運國父紀念館站 3 號出口步行約 4 分鐘

▲透過玻璃櫥窗可欣賞廚師現切溫體牛肉。

吃台南溫體牛不一定要去台南，在台北都吃得到！很多本地人推薦的宣牛，主打台南溫體牛火鍋，牛肉每日從台南新鮮直送，宰割後於 6 至 8 小時內送到餐廳，全程未經急凍雪藏，保留牛肉最原始的口感與味道。

▼醬料區提供多款醬料，牆上附有教學，教大家混出台南沾醬。

▲我們叫了「雙人極品赤身溫體牛肉鍋套餐」（NT$1,690），包括兩碟牛肉、火鍋丸和餃、一碟現炒及兩碗飯。

未吃過溫體牛的朋友，我建議不要抱着吃手切肥牛的期望去吃，因為你可能會失望。不同於手切肥牛那種強烈澎湃油香肉味皆濃的豪邁，溫體牛屬於溫和細膩，在細嚼間感受肉的紋理和淡雅的香氣。

▲湯底以牛骨與多種蔬果熬煮，鮮甜可口。

▲薄切的牛肉片灼幾秒，肉質呈粉紅色就能品嚐。溫體牛爽口得來有點紮實，略帶纖維感，味道清香。

▲加 NT$120 可將赤身溫體牛升級為頂級上選溫體牛肉，探店當天供應的部位是莎朗（後腰脊肉）和牛小排，上選肉比原本的好吃，建議一定要升級。

▲手工牛丸彈牙多汁。

▲只需加 NT$10，就可將套餐的白飯升級成牛肉燥飯。

▲套餐的現炒可任選 NT$300 的菜式，如葱爆牛肉、芥蘭牛肉等，我們則補差價點了麻油牛肝。

▶另外點了一份麻辣牛筋煮，牛筋軟脸骨膠原豐富，麻辣味香濃，佐飯一流！

2023 年 4 月 OPEN

Wagyu Mania

傳說中的燒肉天花板

址 台北市大安區樂利路 58 號
時 週三至一 17:30~23:00 休 週二
交 捷運**六張犁站**步行約 5 分鐘

在網路上搜尋 Wagyu Mania，最常出現的形容詞是 —— 傳說中的燒肉天花板。是不是天花板我不確定，但令人回味無窮的和牛燒肉一定當之無愧。餐廳供應幾款和牛，包括日本三大和牛之一的近江牛、山形牛，以及澳洲和牛，亦有不少來自台南溫體牛的內臟選擇。

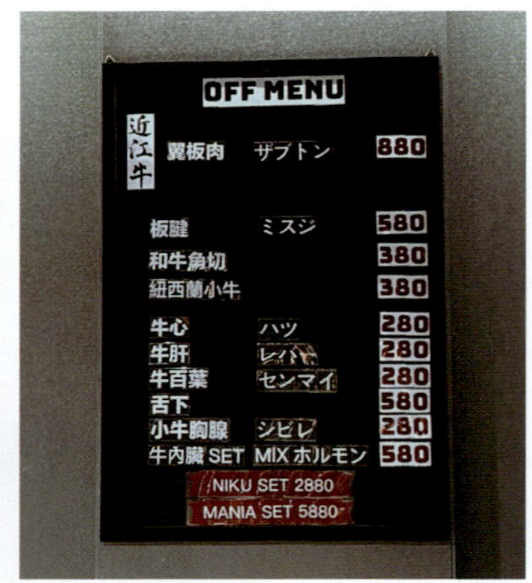

▲ 櫃台後面有塊小黑板，是隱藏版餐牌，寫着當日特別供應的料理。

▲ Wagyu Mania 的牛肉大部分選用山形牛及澳洲和牛，以適量鹽和醬汁調味，能提升味道但不掩蓋和牛的甘香。

▲ 餐廳贈送的甜品，自家製雲呢拿雪糕配拖肥醬最中餅，以甜甜滋味為這頓飯劃上圓滿句號。

▲餐廳用炭爐燒肉，全程由專人代燒，和牛熟度拿捏得宜。炭爐正上方的抽氣強勁，吃完不會一身油煙味。

▲極厚切牛舌（NT$2,880），餐牌上只有「厚牛舌」和「薄牛舌」，如果想點極厚，要問問店員當天有否供應。

▲極厚切牛舌比一般厚牛舌厚上 3、4 倍，需反覆炭烤及靜置，前後需時約 45 分鐘。切開是誘人的嫩粉紅色，美得像藝術品。牛舌柔軟彈牙，咀嚼間慢慢滲出香氣。

▲未經產的近江母牛翼板肉，肉質軟嫩細緻，在油花爆發之際仍能嚐到肉香。

▲牛胃刺身，汆燙過的牛柏葉切得幼細，加上適度調味和醬汁，爽脆開胃。

▲內臟類可以散點餐牌上的款式，亦可選擇黑板上的牛內臟拼盤，每碟隨機搭配三至五款內臟。

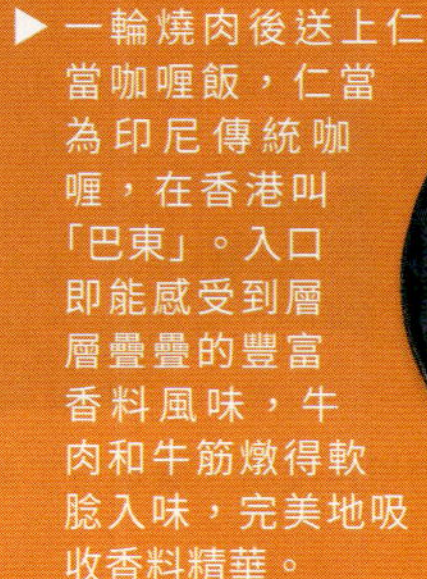

▶一輪燒肉後送上仁當咖喱飯，仁當為印尼傳統咖喱，在香港叫「巴東」。入口即能感受到層層疊疊的豐富香料風味，牛肉和牛筋燉得軟腍入味，完美地吸收香料精華。

2023 年 2 月 OPEN

Pang Taco 胖塔可

必比登推薦的
台式風味墨西哥 Taco

址 台北市大安區文昌街 181 號
時 週二至日 12:00~21:00 休 週一
交 捷運**信義安和站** 4 號出口步行約 2 分鐘

▲開業不久已得到米芝連必比登推薦，是台灣唯一一間得到必比登推薦的墨西哥菜。

▲店面採用明亮的橙色風格，展現拉丁美洲的熱情。

如果喜歡吃墨西哥菜，就一定要去大安區信義安和站附近的 Pang Taco，光看名字就知道這間餐廳專賣墨西哥料理 Taco 和 Burrito 了。

▲激推台式滷大腸 Taco（NT$140），先用花椒八角將大腸滷到入味，炙燒後淋上花生麻辣油和宜蘭三星蔥，再放在粟米餅皮上。想不到台式滷大腸 X 墨西哥 Taco，味道竟然如此搭，吃的時候真的驚艷到叫了出來。炙燒過的大腸非常香口，粟米餅皮吸收了大腸油脂和辣油真的超好吃。

▲ Taco 的粟米餅皮全是新鮮手工製作，口感 Q 彈而帶有粟米味，跟坊間吃到的完全不同，吃的時候要把 Taco 捲起來吃。Taco 餡料由肉類、蔬菜、台式滷味以至炸物都有。

▲ 辣醬燉牛頰 Taco（NT$140），慢煮澳洲牛頰，配搭魔鬼莎莎醬、洋葱和水田芥。牛頰燉得很腍很入味，吃的時候肉汁不斷流出來，齒頰留香。

▲ 啤酒麵糊炸魚 Taco（NT$150），炸魚配以魔鬼辣椒油、墨西哥綠醬和酸奶。

▲ 除了餐牌上的菜式，還有每天不同的是日推薦。

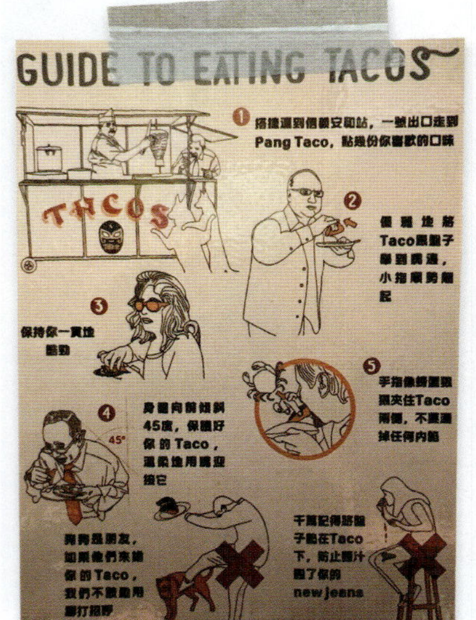

◀ 充滿幽默感的「進食指引」，令人會心一笑。

▶ 覺得調味不夠，可以自己加醬汁和辣油。

榕錦時光生活園區

漫步日式老屋建築群

址 台北市大安區金華街 167 號
時 11:00~20:00
交 捷運**東門站** 3 號出口步行約 7 分鐘

走在台北街頭，不時會發現一些日式建築，這是因為台灣曾被日本殖民 50 年之久，這些建築物就是時代的見證。

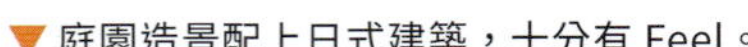

▼庭園造景配上日式建築，十分有 Feel。

位於永康街商圈附近的榕錦時光生活園區，前身是日治時期台北刑務所（即監獄）官員宿舍，原建於 1895 年，經過修復活化後，現在變成集餐廳、茶館、選物店等於一身的生活園區。園區內老榕樹成蔭，木造老屋建築古色古香，很適合來拍照打卡，順道了解一下園區的前世今生，悠閒地度過一個下午。

▲這道石牆是監獄圍牆的遺跡，石牆後方的草地就是前台北監獄的位置。現時石牆看起來矮矮的，是因為上層牆身已剝落。

▲茶葉種類多到眼花繚亂的「自慢茶館」，除了嚴選茶葉，還有美到像藝術品的茶器。茶館有兩層，二樓是喝茶的空間，不妨停下腳步，享受品茗的樂趣。

▲園區內有幾間選物店，販售生活用品、家品、服飾等。

▲在「山玥雲」和服體驗攝影店租借和服，穿梭日式古宅建築群中拍照，為旅程留下珍貴時刻。

▲台灣本地品牌「好丘」Bagel 店，口味多樣化，鹹的甜的都有。採玻璃屋設計，明亮有空間感。

▲服務中心內設有小型展覽，介紹園區歷史和活化過程。

臺虎居餃屋

恍如置身日本的居酒屋

址 台北市大安區金華街 155 號（榕錦時光生活園區）
時 週一 16:00~23:30、週二至四 12:00~23:30、週五六 11:00~00:30、週日 11:00~23:30
交 捷運**東門站** 3 號出口步行約 7 分鐘

臺虎居餃屋由臺虎精釀創辦，位於大安區金華街的榕錦時光園區內，是將日式老屋改建而成的日式居酒屋。

▲店內木質結構與溫暖燈光營造出日式居酒屋風格，會讓人以為置身於日本京都的小屋中，忘記這裏是台灣。

◀除了餃子，還有可樂餅、唐揚雞和醬油糰子等佐酒小吃，味道頗有水準。

▼脆卜卜的肉桂糖霜餃子皮，肉桂味濃郁，忍不住一塊接一塊。

因為餐廳的主打是餃子，故名為「居餃屋」，取其「居酒屋」的諧音。福岡式煎餃十分香脆，而且肉汁豐富，很適合送啤酒。

如果不肚餓，只想小酌兩杯和吃些小吃，居餃屋是不錯的選擇。但如果想飽餐一頓，就不太建議了，因為食物種類較少，不太適合當作午餐或晚餐。

▲ 店內有販售周邊產品，如 Tee、餐具和啤酒杯等等。

▲ 酒精飲品有很多選擇，從精釀啤酒、生啤、清酒、沙瓦、燒酌、果實酒等應有盡有，能喝個痛快。

▲ 戶外的吧枱座位也別有風味。

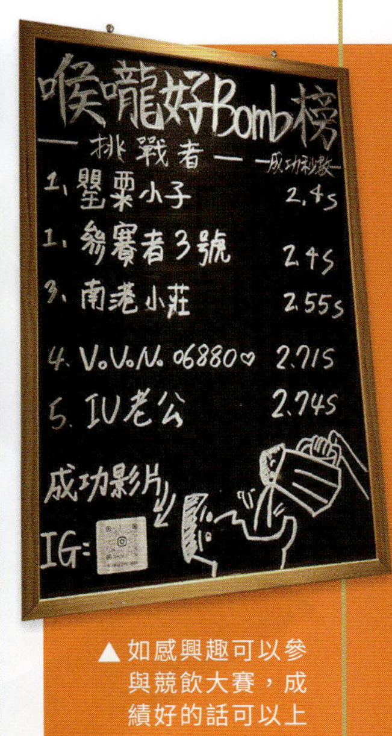

▲ 如感興趣可以參與競飲大賽，成績好的話可以上榜啊！

京町山本屋

日式古宅內的京都家庭料理

址 台北市大安區金華街 143 號（榕錦時光生活園區）
時 週五至日 11:00~20:00 **休** 週四
交 捷運**東門站** 3 號出口步行約 7 分鐘

京町山本屋是榕錦時光生活園區內最具日本風情的餐廳之一，由日籍老闆山本夫婦經營。這棟百年歷史老屋是園區內唯一保留榻榻米的建築，一進門就彷彿置身京都民居。

▲店內大部分座位為榻榻米，入內需要脫鞋穿襪子。

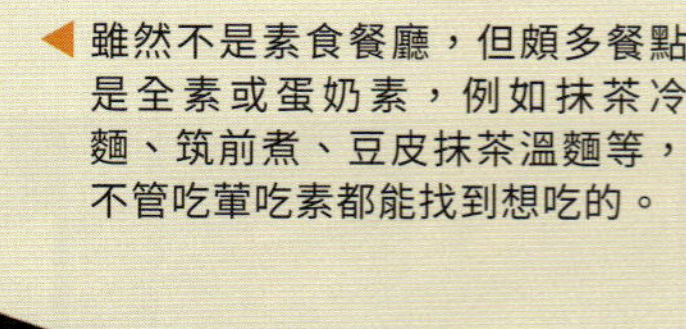

◀雖然不是素食餐廳，但頗多餐點是全素或蛋奶素，例如抹茶冷麵、筑前煮、豆皮抹茶溫麵等，不管吃葷吃素都能找到想吃的。

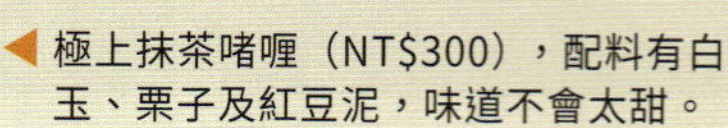

◀極上抹茶啫喱（NT$300），配料有白玉、栗子及紅豆泥，味道不會太甜。

京町山本屋走日式茶屋路線，除了提供茶飲和甜點，還有京都家庭料理。坐在榻榻米上用餐，看着窗外的庭園，真有去了日本的錯覺。

▲極上宇治抹茶（NT$220）附琥珀糖，甜甜的糖果正好中和手刷抹茶的微苦。

▲生雞蛋拌飯（NT$120），食材經精挑細選，用上生食等級的龜毛生食蛋，只有濃濃蛋香，完全沒有腥味。蛋汁拌着越光米吃，簡簡單單已經很滿足！

▲店內有售一些京都職人手工製品、茶碗器具、雜貨小物等。

▲七味烤雞腿定食（NT$450），雞扒皮脆肉嫩多汁。

▲布甸蛋糕附雲呢拿雪糕（NT$320），布甸蛋味濃郁略帶苦味，下層蛋糕濕潤，是屬於大人口味。

小貼士

京町山本屋下午兩點至五點為下午茶時段，供應的菜式會比午餐和晚餐少。

libreadry 巢屋

麵包愛好者必訪

址 台北市大安區仁愛路四段 345 巷 4 弄 28 號
時 週三至日 12:00~19:00　休 週一、二
網 order.ocard.co/libreadry/wJk9oQ
交 捷運**忠孝敦化站** 3 號出口步行約 4 分鐘

「我不喜歡吃麵包，因為沒吃過好吃的麵包。」我一直不是烘焙類食品的狂熱者，對麵包、餅乾、蛋糕無特別喜愛。之後在朋友推薦下來到巢屋，沒想到一試愛上。每款麵包各有特色，難怪每次經過總有滿滿人潮。對我來說，是值得一來再來的麵包店！

▲ 麵包每日新鮮出爐，款式眾多，粗略估計超過 30 款。

▲ 多位麵包師傅在廚房內忙碌地工作着，所以一踏進巢屋就會聞到陣陣麵包香。

▲ 人氣 NO.1「明太子」是我的最愛，福岡明太子加上美乃滋和檸檬汁，新鮮出爐立即吃，香氣濃郁，入口有一股鹹香，麵包外脆內軟，絕對會為了它再來。

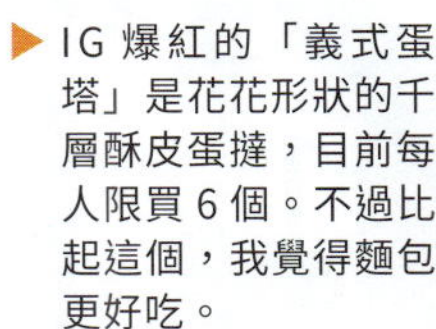

▶ IG 爆紅的「義式蛋塔」是花花形狀的千層酥皮蛋撻，目前每人限買 6 個。不過比起這個，我覺得麵包更好吃。

小貼士

店外告示指麵包款式最齊全時間大約是 12:30 至 13:30，不過很多麵包一出爐就賣完，所以有時也要碰碰運氣。不想白跑一趟的話，建議先在網上預訂及付費，最快可預約六天後取貨。

▲ 冷吃的「香蕉可可生乳」是我的至愛之一，香蕉和朱古力本來就是絕配，麵包軟綿得來帶點咀嚼感，配上濕潤的生乳忌廉，口感和味道相當豐富。

▲ 下午時段去，等明太子出爐等了差不多 40 分鐘，但是很值得！

▲「紅豆生乳」的忌廉輕盈不膩，低糖紅豆餡不死甜，麵包咬下去很軟熟。

竣師父牛肉麵

台灣牛肉麵節金牌得主

址 台北市大安區大安路一段 52 巷 24 號
時 12:00~14:30、17:30~22:30
交 捷運**忠孝復興站** 4 號出口約 5 分鐘

▲雖然店舖隱身於忠孝復興站附近的巷弄中，但仍然每天大排長龍，吸引牛肉麵愛好者前來品嚐。

如果想在台北吃一碗地道的牛肉麵，位於大安區的竣師父牛肉麵值得一試，因為它曾多次在台灣牛肉麵節獲獎，更在 2023 年獲得金牌。

▲店內環境不大，只得十幾個座位，建議預留時間排隊。

竣師父牛肉麵以濃郁的紅燒湯頭和軟嫩的牛肉聞名，紅燒湯底香醇，有花椒的微麻香氣，令人食指大動。

▲ 若怕湯汁會弄污衣服，可問店員借圍裙。

▲ 除了牛肉麵，蛤蜊雞腿肉麵（NT$245）也非常出色，乳白色的雞湯味道濃郁，蛤蜊鮮甜多汁、雞腿肉也很嫩滑，還有幾塊爽口的慢煮雞胸肉。

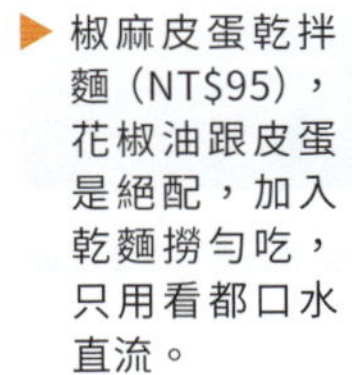

▶ 椒麻皮蛋乾拌麵（NT$95），花椒油跟皮蛋是絕配，加入乾麵撈勻吃，只用看都口水直流。

▲ 麵條可選日式拉麵或刀削麵，共 4 種不同硬度，滿足不同口感需求。

▲ 麻醬皮蛋番茄（NT$60），味道出奇地搭，可以一試。

◀ 紅燒牛肉麵和松露牛肉麵都有冷凍調理包可以購買。

2023 年 7 月 OPEN

大魯閣 Roller186 滑輪場

在小巨蛋裏面的最潮滾軸溜冰場

址 台北市松山區南京東路四段 2 號
時 週一至五 10:00~21:00、週六日 09:00~21:00
交 捷運**小巨蛋站** 2 號出口步行約 1 分鐘

▲玩兩小時的收費由台幣二百到三百多左右，視乎日期和時段而異，不含租鞋費用，要租鞋的話費用為 NT$100。

大魯閣 Roller186 滑輪場是大魯閣集團旗下的滾軸溜冰場，位置就在台北小巨蛋 1 樓，地點非常方便，想要一些不太激烈的動態活動，不妨來這裏邊享受冷氣，輕輕鬆鬆踏 Roller，讓身體動起來。

▲場地分為主場區和練習區，因為我們不懂得踏 Roller，員工有教一些基礎技巧，然後讓我們去練習區試玩。

▲Roller 場走太空風格，用霓虹燈營造懷舊又迷幻的氣氛，很有八、九十年代 Disco 的味道。置身裏面真的有找回年輕的感覺，回憶起童年往事。

▲入場把隨身物品放入儲物櫃後，就可以到櫃枱拿鞋子和護具，店員會協助穿着，十分貼心。護具包含護肘與護膝，不怕跌到受傷。

◀輪子轉動時會發光，十分有型。

▲練習區設有扶手，可以扶着練習，怕跌倒的話也可以戴咕𠱸作保護。

▲主場區的面積很大，可以隨着音樂無拘無束地活動，也有不少人在玩花式。

總結

這個滾軸溜冰場設備很新又美觀，價錢亦不算貴，很適合情侶或一班朋友一起來玩。

▲場外設有投籃機和飛鏢機，可以跟同伴較量一下。

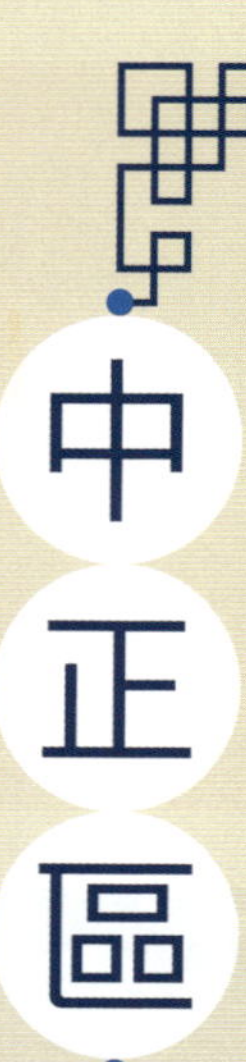

中正區

中正區是結合歷史與現代的區域，很適合安排半天或一天的行程。這裏有著名的中正紀念堂，廣場寬敞、建築宏偉，是了解台灣歷史的重要地點。

如果喜歡文化活動，可以到華山 1914 文創園區逛逛。常舉辦展覽和市集，是個充滿創意氛圍的地方。愛美食的朋友則可以去南門市場，試試地道的台灣小吃。還有台灣博物館與二二八和平公園，適合靜靜走訪。

中正區交通便利，從哪裏出發均輕鬆抵達，無論是短暫停留還是深度遊，都很推薦把它放入你的行程裏面。

中正區景點列表

1. 誠品生活站前店
2. 這一小鍋（東森站前店）
3. 熊嗨星樂園（台北站前店）
4. 東森廣場 K 區地下街
5. 南門市場
6. About H Coffee
7. 綠豆蒜製研所
8. 藝家社交會
9. 雪王冰淇淋

交通方式

捷運		
中山站	淡水信義線	台北車站 / 台大醫院站 / 中正紀念堂站 / 東門站
西門站	松山新店線	小南門站 / 中正紀念堂站 / 古亭站 / 台電大樓站 / 公館站

北門
台北車站
捷運機場線
京站
時尚廣場
台北
（高速鐵路）
天成大飯店
新光三越
台北車站
捷運淡水信義線
台灣
博物館
二二八
和平紀念
公園
台大醫院
總統府
國史館
凱達格蘭大道
西門
中央
藝文公園
市民大道高架道路
華山
1914
光華
商場
捷運中和新蘆線
喜來登
大飯店
善導寺
阜杭豆漿
雙月
捷運板南線
忠孝新生
濟南路二段
杭州南路一段
金山南路一段
中山南路
景福門
仁愛路一段
Second Floor
Cafe
中正
紀念堂
小南門
捷運松山新店線
東門市場
東門
鼎泰豐
中正紀念堂
金峰
魯肉飯
南門市場
台北
植物園
郵政博物館
新東南
海鮮餐廳
重慶南路三段
福州街
台電
勵進餐廳
新生南路二段
台北清真寺
南昌公園
和平西路一段
古亭
台灣
師範大學
師大夜市
中正
河濱公園
牯嶺公園
紀州庵文學森林
新店溪
客家文化
主題公園
古亭
河濱公園
台電大樓
MAP

中正區

2024 年 9 月 OPEN

誠品生活站前店

看看書、逛逛街、吃頓飯

址 台北市中正區忠孝西路一段 36 號 B1/F
時 11:00~21:30
交 捷運**台北車站** M6 出口

▲由台北車站 M6 出口走約 2 分鐘可到達，全程不用走出地面，下雨天也不怕。

來台灣旅行，很多人喜歡逛誠品。誠品書店遍佈台灣各地，今次帶大家去的分店與台北車站相連，可以從地下通道直接走過去，全程不用淋雨。

▲這間分店人流不多，各種書籍十分齊全，適合慢慢選購。

面積雖然不大，但藏書量豐富，由流行文學、歷史、工具書、兒童繪本，以至文具、文創好物等包羅萬有，而且旁邊有多間餐廳，如果下雨天不知道去哪裏，來這裏看看書、逛逛街、吃頓飯也是不錯的選擇。

▲書店內設有兒童書區，大量兒童繪本任君選擇。

▲有多個品牌和氣味的香薰蠟燭供選擇。

▲精選特色文具及文創小物，是文具控的天堂。

▲誠品生活裏有些小攤位，販賣飾物、頭飾等。

▲旁邊設多間餐廳，有多款台式和日式美食，例如鐵板燒、拉麵、炸雞、炸豬扒等。

▲誠品生活站前店內設有儲物櫃，如有需要可寄放行李或戰利品。

2023 年 10 月 OPEN

這一小鍋（東森站前店）

獨遊也可以吃的台式火鍋

址 台北市中正區忠孝西路一段 47 號 B1/F（台北車站 K 區）
時 11:00~22:00
交 捷運**台北車站**，沿 K 區地下街指示牌前進

▼餐廳走台式摩登復古風，牆上掛滿霓虹燈招牌，很適合打卡拍照。

台灣人對火鍋特別講究，大街小巷裏開滿形形色色火鍋店，不少香港人來台灣玩，最少都會吃一頓台式火鍋，如無老鍋、鼎王、青花驕等等，但這些火鍋店比較適合跟親朋好友一起去，因為食物都是單點，分量比較多，一個人去的話只能點一兩碟，感覺不太滿足。

◀這一小鍋有很多湯底選擇，例如蔬菜鍋、大骨鍋、牛奶鍋、石頭鍋、麻辣鍋等等；肉類有豬、牛、羊、雞和海鮮可選，價格按不同部位和等級而異。

如果你是獨遊旅人，又想吃台式火鍋，可以考慮「這一小鍋」，2023年開幕的東森站前店地點便利，**主打一人一鍋**，價位中等，每人大概 NT$500 左右，算是非常抵吃。

第一次吃這種台式火鍋，可能會不清楚怎樣點餐，一般都是先選湯底，然後選肉類。蔬菜、火鍋料和飲料都是自取任吃的，結賬價錢就是湯底 + 肉類的總價。

▲ 套餐可以加購海鮮，我們加了蚵仔（NT$58），分量十足，超抵吃！

▲ 自助吧種類豐富，有幾十種蔬菜和火鍋料，蔬菜都十分新鮮。

▲ 飲品選擇很多，有咖啡奶茶、汽水、果汁和冰沙等等。

▶ 麻糬燒，台式火鍋常見的火鍋料，香港應該比較少見。

▲ 可以按自己口味調配醬汁。

還有軟雪糕做飯後甜品，可以用糖果將雪糕裝飾成小怪獸。

2023 年 11 月 OPEN

熊嗨星樂園（台北站前店）

超過 200 部夾公仔機

址 台北市中正區忠孝西路一段 50 號大亞百貨 B1/F
時 週一至四 11:00~00:00、週五 11:00~01:00、週六 10:00~01:00、週日 10:00~00:00
交 捷運**台北車站**，沿 Z2 連通道步行約 5 分鐘

全台北最大的夾公仔機樂園就在台北車站附近，設有超過 200 部夾公仔機，一走進來就感受到濃厚的歡樂氣氛！這裏可能是我見過人潮最多的夾公仔機店，一家大小、朋友、情侶一起遊玩，也有不少人獨自前來挑戰，幾乎每個人都帶着戰利品離開，單是看看都開心！

◀ 熊嗨星樂園平日開到凌晨 12 點，週五、六更延長至凌晨 1 點，如果白天有其他行程，可以留到深夜才去玩！

▲ 雖然位處地庫，但場內環境乾淨明亮，通道闊落，不會人迫人。

▲ 除了各式毛公仔，還有精品、日用品、食物、飲料等等供夾取。

▲ 夾到雪糕模型可以到櫃枱兌換雪糕。想過過夾公仔癮但又不想要公仔的話，這是不錯的選擇。

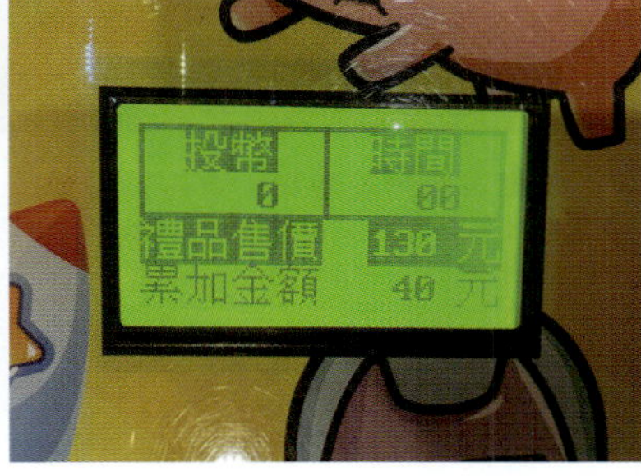

▲ 所有夾公仔機都有「保夾」，只要投入到指定金額，就保證夾得到。而且保夾金額算合理，讓人有意慾繼續玩。

▲ 有一個區域全是 Pokémon 系列的小精靈公仔。

▲ 即使不擅長夾公仔的我們都有收穫。

其他高手的戰利品堆滿一整架手推車，太厲害了！

▼ 包裝區提供免費紙箱和膠紙，收穫豐盛的話可直接裝箱帶走。

中正區

2023 年 10 月 OPEN

東森廣場 K 區地下街

全新地下商店街，雨天也能輕鬆玩

址 台北車站 K 區地下街
時 11:00~22:00
交 捷運**台北車站**，沿 K 區地下街指示牌前進

2023 年開幕的東森廣場地下街，位於台北車站地下街 K 區，是一處結合餐飲、購物、娛樂與休憩空間的地下商店街。雖然它不及其他商場豐富和吸引，但勝在地點便利，直通台北車站，可以輕鬆到達，雨天都不用撐傘，可以當作雨天的備用行程。

▲地下街有各種餐廳和小吃店，如荖子鍋、丸龜製麵、洋城義大利餐廳、老董牛肉麵等等，一定找到合口味的。

寶雅 Poya Beauty

女士來台灣必逛的寶雅 Poya Beauty，店面超大，佔據 5 個舖位，有多個彩妝品牌，產品十分齊全，可以買到滿載而歸。

▲ COCO BAR KTV 電話亭，排隊等餐廳入座的時候可以唱首歌一展歌喉，國語歌目都很新。消費每 15 分鐘為一節。

▲ 逛到累的話可以到摩法森林使用投幣按摩椅，價錢很便宜，NT$50 已經可以按 1200 秒（20 分鐘）。

Pokémon Ga-Olé Station TAIPEI

大人小朋友都沉迷的 Pokémon Ga-Olé 特色店，店內設置 8 台遊戲機，是目前台灣機台數量最多的店，有玩的朋友不要錯過。

▲ 哈比歡樂世界有幾十台夾公仔機和遊戲機，種類繁多。

▲ 商店以外還設有小型市集，售賣手作飾物和用品等等。

▲ 東森廣場 K 區地下街服務處，可以在這裏辦理退稅。

2023 年 10 月 RENOVATE

南門市場

承載百年歷史，尋味老台北

址 台北市中正區羅斯福路一段 8 號
時 週二至日 07:00~19:00　休 週一（重要節日除外）
交 捷運**中正紀念堂站** 2 號出口步行約 1 分鐘

大家現在看到的南門市場是翻新過後的模樣，其實它已有百年歷史，最早建於 1907 年，漫步其中，處處可見經營了幾十年、傳承數代的老字號。

▼蛋餃是台灣火鍋常見配料，在地庫的南門魚丸店（攤位 73）每日新鮮即製手工蛋餃。

◀雖然南門市場早上 7 點開門，但大部分商店 9 點才正式營業，而二樓的熟食中心則於 9 點半開始營運。

大家或許會發現市場內販售的貨品有點熟悉，臘腸、鬆糕、南北貨等，這跟背後的歷史有莫大關係，由於早年不少來自江浙一帶的移民聚居附近，將家鄉的飲食文化帶到這裏，使南門市場逐漸發展成**主要販售江浙食材的地方**。

▲地庫是濕貨街市，販賣蔬果、魚、肉以及南北貨等。喜歡逛街市，或是想體驗本地人日常生活，來這裏就對了。

▲超過 70 年歷史的合興糕糰店（攤位 41、42、43），其鬆糕是南門市場名物，以台灣米製成，內餡可選芝麻或豆沙。

▲可能因為我們買到的鬆糕已經放涼，口感結實偏乾，不太合我們口味。

▲不少居台港人也會來南門市場購買臘腸、臘鴨、金華火腿。

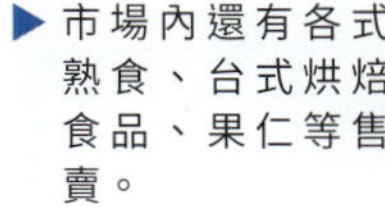

▶市場內還有各式熟食、台式烘焙食品、果仁等售賣。

▶二樓熟食中心內的合歡刀削麵館是人氣店，常常大排長龍，最多人推薦的是酸白菜煮牛肉麵和番茄煮牛肉麵。

▲金龍肉乾創始店（攤位 39、40）開業接近 50 年，現場烘烤豬肉紙和豬肉乾，香氣四溢。

About H Coffee

不小心變成貓 Cafe 的咖啡店

址 台北市中正區忠孝東路二段 39 巷 2 弄 18 號
時 11:00~19:00
交 捷運**善導寺站** 6 號出口步行約 6 分鐘

如果你是既愛咖啡又愛貓的人，那就絕對會愛上 About H Coffee。這間隱藏在華山文創園區旁邊小巷弄的咖啡店，原本只是家專注咖啡與甜點的小店，但因為店主領養了許多流浪貓，無意間成了大家眼中的貓 Cafe。

▶ 店員說 About H Coffee 的“H”可以代表很多東西，可以是 Happiness、Home、Her 等等，故意留白讓大家自己想像。

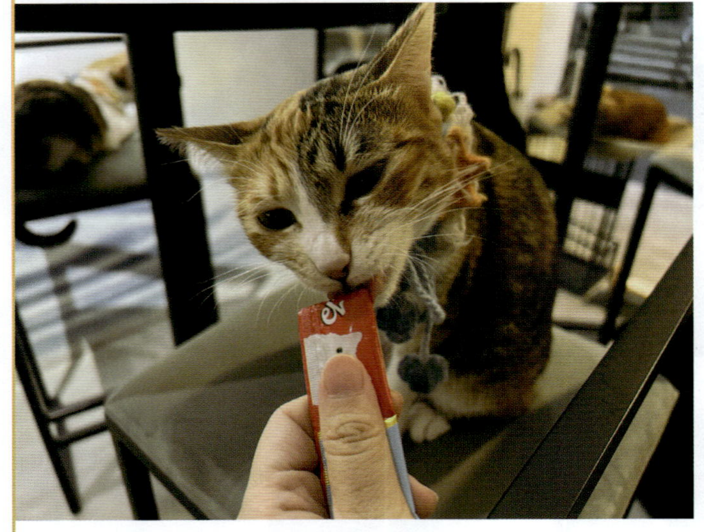

▲ 店員會給顧客零食餵貓咪，可以跟貓咪互動。

▲ 店內非常乾淨，幾乎聞不到貓味，不會有貓毛亂飛，地上也沒有貓砂。

走進 About H，會發現貓咪遍佈每個角落，而且超級親人，有的在吧枱上睡午覺、有的在窗邊看風景、有的在跟人要零食、有的竟然在顧客大腿上睡覺，就算不愛貓都會被牠們萌到。

雖然這裏因為偶然才成為貓 Cafe，但咖啡和甜品都十分有水準，單是咖啡和甜品的質素已經值得回訪。

▲ Cappuccino 細滑濃郁；自製水果千層甜而不膩，有層次感；肉桂酥餅鬆化酥脆，配搭咖啡一流。

▲ 每隻貓都毛色亮麗、精神飽滿、很親人，看得出店家有細心照顧和愛護每隻貓咪，店員閒時也會不停嚕貓。店員很了解每隻貓的來歷和脾性，會跟你分享牠們的故事，也會提醒哪隻貓咪喜歡和不喜歡被摸的部位。

▲ 如果剛好來到華山參觀，不妨抽點時間來 About H Coffee 坐坐，喝杯咖啡吃件蛋糕，跟貓咪們度過一個輕鬆又溫暖的下午。

中正區

綠豆蒜製研所

在台北遇見屏東古早味道

址 台北市中正區南陽街 38 巷 2 號
時 12:00~19:00
交 捷運**台北車站** M8 出口步行約 5 分鐘

▲綠豆蒜製研所隱身在小巷裏，店面設計十分漂亮吸睛。

人在台北，又突然想吃屏東的經典甜品綠豆蒜，可以來台北車站附近的綠豆蒜製研所，讓你不用老遠跑到南部，就能享受到這份古早味。

▼綠豆蒜

▼店內環境走木系風格，給人溫暖悠閒的感覺，走到疲累的時候，可以來這裏一邊享受甜品，一邊稍事休息。

甚麼是綠豆蒜？

雖然名字裏有「蒜」，但其實跟蒜頭完全無關！它是用綠豆剝皮後煮到軟爛，再加入糖水製成的甜品。因為剝皮煮軟後的綠豆有點像蒜頭，所以才稱作「綠豆蒜」。去了皮的綠豆蒜有天然的綠豆香，跟黑糖煮的糖水和桂圓一起吃，口感細緻順滑。

▲ 配料的芋圓和地瓜圓十分煙韌，芋頭球的芋頭味很濃郁，芋頭控一定喜歡。

▲ 綠豆蒜雪花冰很有驚喜，原本以為雪花冰在嘴裏溶化後會變成水，但竟然是變成綠豆蓉。老闆說雪花冰是將綠豆蒜雪成冰磚再打成雪花冰，真材實料。

▲ 除了招牌綠豆蒜，還有仙草凍和其他飲料等等。

2023 年 12 月 OPEN

藝家社交會

親手製作紀念品，延續旅程美好時光

址 台北市中正區忠孝西路一段 50 號亞洲廣場大樓 B3/F
時 11:00~20:00
交 捷運**台北車站**，沿 Z2 連通道步行約 5 分鐘
註 建議先透過 IG 或 LINE 查詢和預約（官網 artsplussocial.com/contact/ 附 IG 及 LINE 連結）。

旅行除了去景點影相打卡、品嚐美食，有些人也喜歡參加手作體驗，為旅程留下獨一無二的紀念。

我們這次拜訪的藝家社交會，共有**三個手作課程**：編織可愛的毛線袋、造出柔軟的簇絨地毯，或是製作霓虹燈飾。在導師的指導下，沉浸在創作的愉悅中，最後帶着親手製成的作品回家，延續旅程的美好時光。

▲ 三個課程所需時間不一，由一小時至四小時不等。

▲ 教室空間寬敞，每個課程分開在不同區域上課。

▲ 導師十分親切，細心講解不會給壓力。如果有需要，亦會從旁協助完成作品。

▲ 編織毛線袋課程最簡單，全程用手編織，不需任何工具，小朋友都做得到，特別適合初學者或親子參加。

▲ 用粗大冰島毛線織成的袋，連我這個編織新手都能駕馭，動作快的話應該一個小時就織完，拿着製成品很有成功感。

▲ 霓虹燈製作過程相對有難度，需要用工具扭曲冷光線燈帶，並穿過黑色帆布板，製成想要的圖案。

▲ 簇絨地毯有不同尺寸供選擇，導師會逐個步驟耐心教導，不用擔心無法完成。

簇絨地毯製作流程

❶ 描底稿

利用投影機將圖案投射到底布上，畫出底稿。如果想縮短製作時間，可以先將圖案給教室，導師會提前擬好底稿。

❷ 挑選毛線

有多款顏色毛線可選，不論想要繽紛還是柔和的顏色都找得到。

❸ 上毛線

利用簇絨槍將毛線打入底布，這步驟最好玩，毛線隨着簇絨槍的噠噠聲刺進底布，相當治癒。

◀ 簇絨槍經過特別設計十分省力，拿久了也不累。

❹ 修剪

塗上膠水後，便可開始修剪。修剪後，作品會變得毛絨絨，也可透過不同修剪手法，使作品更加立體精緻。

極瘋狂的台式雪糕

雪王冰淇淋

址 台北市中正區武昌街一段 65 號 2 樓
時 12:00~20:00 休 冬季（10 月至 2 月）逢週二
交 捷運**西門站** 5 號出口步行約 4 分鐘

在雪王，你可以找到極瘋狂的雪糕口味 —— 像豬腳、肉鬆、麻油雞這些台式經典美食，在這裏竟然以雪糕的方式呈現！第一次吃肉鬆味雪糕，充滿奇怪的衝擊感，明明是熟悉的鹹食，卻是雪糕質地，冰凍綿密，當腦袋還在疑惑自己在吃甚麼，手卻不自覺再吃一口。下次再來的時候，還是會繼續挑戰其他奇怪口味，這大概就是雪王迷人之處。

▲（左）豬腳雪糕真的有豬腳味道，而且還吃到膠質狀的豬皮和豬腳筋；（右）大紅豆雪糕是正常選擇及招牌之一。選用台灣大花豆，香甜順口。

▲ 雪王開業 78 年，傳承至第三代，這些意想不到的雪糕味道由創辦人高日星所創，他研發過的雪糕口味多達 73 款，被封為「寶島冰淇淋博士」。

▲ 雪王雖然位處中正區，但其實就在西門町商圈對面馬路。

▲ 西瓜味亦是招牌，夏天吃十分清爽，裏面有冰凍果肉，很過癮！

▲ 肉鬆雪糕，裏面真的找得到肉鬆。不要懷疑，吃就對了！

小貼士

店內黑板有寫明季節限定口味，另外不時會推出新口味，全數多達 52 種。

萬華區

萬華區是台北市一個充滿歷史風情的老城區，擁有豐富的文化遺產。著名的艋舺龍山寺是宗教文化的重要地標，附近的剝皮寮老街保留了傳統建築風貌。

西門紅樓作為日治時期的古蹟建築，現在是文創藝文場所。另一方面西門町也是年輕人的娛樂天堂，匯集美食、購物、手信店、戲院和街頭表演，是遊客必到的區域。

萬華景點列表

1. 來好
2. 滿塘台南虱目魚
3. 太保制餅西門町旗艦店
4. 一甲子餐飲

交通方式

捷運		
中山站	松山新店線	西門站
台北車站	板南線	西門站／龍山寺站

淡水河
Hotel PaPa Whale
打狗霸
萬華運動中心
福星國民小學
馬辣
捷運松山新店線
捷運板南線
Suz & Catorze
派出所
電影主題公園
樂聲影城
誠品
獅子林商業大樓
Solaria Hotel
初瓦
スシロ
豪景大酒店
西門星辰大飯店
Donki
綺樂文旅
新千葉火鍋
西門町
台北漫步旅店
心心麻辣鍋
夯麻吉
阿宗麵線
中山堂
成都路
西門新宿
天后宮
POP MART
國賓大戲院
一脆鮮奶脆皮甜甜圈
西門
德立莊酒店
龍山河濱公園
行德宮
蜂大咖啡
師園鹽酥雞
新驛旅店
町記憶旅店
西門紅樓
長沙公園
永福魚丸店
西寧南路
昆明街
西本願寺
貴陽街二段（艋舺老街）
台北國軍英雄館
青山宮
亞東甜不辣
源芳刈包
永福冰淇淋
小王煮瓜
康定路
貴陽街一段
警察局
西園路一段
桂林路
老松國民小學
中原福州乾麵
艋舺龍山寺
廣州街
剝皮寮歷史街區
南寧路
台北花園大酒店
新富市場
兩喜號
艋舺公園
龍山國民中學
龍山寺
南門國民中學
格萊天漾大飯店
凱達大飯店
丹堤咖啡
沛洛瑟珈琲店
MAP

西門町 特色小店

西門町是台北最熱鬧地區之一，到台北旅遊，幾乎都會來這裏走走。從幸福堂、阿宗麵線、老天祿到天天利，這些名店相信大家已經耳熟能詳。這篇我們會介紹一些比較少人知道以及近期新開的特色店舖，帶你玩不一樣的西門町。

POP MART 西門町旗艦店

址 台北市萬華區峨眉街 14 號

POP MART 西門町旗艦店於 2024 年開幕，共有 4 層，販售 Labubu、Molly、Skullpanda、Dimoo 等人氣產品，盲盒迷必去！店內有好多擺設，非常適合打卡影相。3、4 樓是展示空間和展覽場地，喜歡 POP MART 的話一定要去朝聖。

峰大咖啡

址 台北市萬華區成都路 42 號

本地人都喜歡去的老牌咖啡館，咖啡豆都是自家烘焙，咖啡味道香濃。記得在店外買塊核桃酥佐咖啡，又香又鬆脆，很好吃！

師園鹽酥雞

址 台北市萬華區成都路 28 號

這是我們吃過最好吃的鹽酥雞，會加九層塔和蒜頭一起炸，炸得乾身不油膩。強力推薦堂食，因為即炸即吃會好吃得多。

夯麻吉

址 台北市萬華區峨嵋街 49 號

西門町小巷裏的沖繩日式碳烤麻糬，外面燒得很脆，但裏面很軟糯，有 13 種口味，例如煉乳、抹茶、黑芝麻、沙茶照燒、泰式香辣等等，我們最推薦煉乳，NT$50 一枝。

一脆鮮奶脆皮甜甜圈

址 台北市萬華區成都路 61 號

每日排長龍，甚麼國籍的客人都有。招牌有鮮奶脆皮甜甜圈、大甲芋頭多拿滋、金沙鹹蛋黃多拿滋和萬丹紅豆多拿滋，價錢十分便宜，甜甜圈 NT$40、多拿滋 NT$45，想吃的話要有排隊的心理準備。

永富冰淇淋

址 台北市萬華區貴陽街二段 68 號

手工製古早雪糕老店，創立於 1945 年，提供多種傳統口味雪糕，如花生、芋頭、桂圓、李梅等等，NT$50 有三種口味，非常抵吃。

永富魚丸店

址 台北市萬華區內江街 47 之 1 號

40 年老牌魚丸店，招牌是福洲魚丸，入面釀了豬肉餡。其他菜式有香菇丸、赤肉羹、魷魚羹、魚酥等等。想吃魚丸的話建議點福洲魚丸湯（NT$55）；想樣樣都試的話，可以點招牌羹（NT$75），但香港人未必習慣湯羹的濃稠度。

▲ 福洲魚丸

▲ 招牌羹

2024 年 2 月 OPEN

來好

西門町新潮手信之選

址 台北市萬華區西寧南路 169 號
時 週六至四 11:00~22:00、週五 11:00~17:00
交 捷運**西門站** 6 號出口步行約 4 分鐘

▲ 台灣黑熊的羊毛氈公仔，好可愛。

很多遊客喜歡來西門町買手信，因為手信店林立，方便購買。雖然有這麼多手信店，但差不多每間都賣差不多的產品，如傳統的太陽餅、芋頭酥和鳳梨酥等等，大家可能已經吃厭買厭了。想買些新派又精緻的手信，可以考慮去「來好」逛逛。

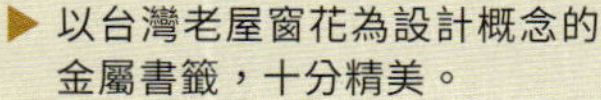

▶ 以台灣老屋窗花為設計概念的金屬書籤，十分精美。

來好主打台灣特色手信，種類繁多，從傳統糕點、創意零食、茶葉到文青小物等應有盡有，每樣產品都精心挑選，包裝設計精美得來非常有台灣特色，是送禮或自己留念的好選擇。

▲富有台灣特色的台式啤酒杯，去過台灣熱炒店的都一定見過，很值得買來留念。

▼店內很多手信食品都可以試吃，試過喜歡才購買。

▲超好吃的台灣茶味爆谷，特別推薦紅玉紅茶味。

▼不同種類的果乾，以台灣本地水果製成，如士多啤梨和鳳梨等等。

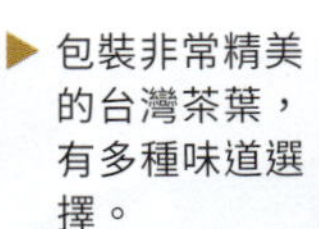

▶包裝非常精美的台灣茶葉，有多種味道選擇。

▼還有不少富有台灣特色的小物，如杯墊、鎖匙扣和零錢包等等。

▲台灣特色辣醬，有鳳梨味噌、愛民芒果和鬼椒馬告三個口味，個人最喜愛馬告味，是台灣原住民的香料，有種獨特的味道。

滿塘台南虱目魚

輕鬆品嚐台灣家常料理

址 台北市萬華區昆明街 123 號
時 11:00~15:00、16:00~00:25
交 捷運**西門站** 1 號出口步行約 6 分鐘

虱目魚在台灣很常見，是台南人最常吃的魚之一，可以說是台南人的「家魚」。肉質細嫩，幾乎沒有細骨，大人小朋友都適合。台灣人一般會用來煮粥、煮湯或煎炸。如果想一嚐台灣虱目魚的味道，可以去西門町的滿塘台南虱目魚。

▲店內環境整潔明亮，而且有冷氣供應，可以舒服地用餐，比路邊檔和夜市好得多。

◀無刺虱目魚肚煎（NT$180）香脆但不柴，魚油味豐富，而且一條魚骨都沒有，個人覺得是虱目魚最好吃的做法。

滿塘台南虱目魚的菜單從魚肉、魚肚和魚皮都有，可以配湯、粥、麵、川燙和煎炸，有很多煮法，種類十分齊全。

▶ 炸虱目魚皮（NT$110）在台北不常見，值得試試看。

◀ 除了虱目魚，還有不少台灣家常小吃，像蚵仔、蛤蜊、魷魚、魚丸湯和魯肉飯等等。這間的蚵仔煎（NT$85）是我吃過最好吃的之一，蛋味濃郁之餘邊位煎得很脆，沒有「鼻涕」感，應該很適合香港人的口味。

▼ 只用薑絲、米酒和葱花煮的蛤蜊湯（NT$80）看起來很清淡，但其實鮮味超級濃郁，蛤蜊隻隻飽滿又爆汁，令人回味無窮，誠意推薦大家試試。

▲ 蚵仔魯肉飯（NT$90），蚵仔＋魯肉飯一口吃下去，既有魯肉的肉脂又有蚵仔的鮮甜，怎可能不好吃？

萬華區

2023 年 7 月 OPEN

太保制餅 西門町旗艦店

宮廷風花朵造型糕餅

址 台北市萬華區漢口街二段 20 巷 1 號
時 週三至一 11:00~21:00 時 週二
交 捷運**西門站** 6 號出口步行約 5 分鐘

買膩了鳳梨酥、芋頭酥當手信，或許可以試試太保制餅的錦花酥。**錦花酥最特別的是精緻的花朵造型**，呈現出宮廷點心的典雅韻味，賞心悅目。除了各式糕點，店內還有新鮮水果製成的果乾與花果茶。下次去西門町，來看看有甚麼適合帶回去做手信吧！

招牌產品錦花酥，外觀猶如盛開的花朵，全純手工製作，**由人手一瓣瓣折出花餅**，吃的時候不妨細心欣賞師傅的手藝。錦花酥有多款味道，如靜岡抹茶紅豆、紫薯芋泥、珍珠奶茶等。

▲ 我們買了人氣最高的洛神蔓越莓口味及核桃鐵觀音，酥皮鬆化，餡料香濃細膩。

▲ 逐片花瓣摘下來吃，一口一片，優雅不狼狽。

▶ 吃糕餅一定要配茶，店內有各式由新鮮水果烘製而成的果乾茶包，可一次過買齊餅和茶。

▲ 錦花酥和花果茶包都有禮盒裝，適合送禮。

▲ 花漢餅就是巨大化的錦花酥，大家會買來試試嗎？

▲ 多款果乾和花茶供選購。

連續 5 年必比登推薦的刈包和焢肉飯

一甲子餐飲

址 台北市萬華區康定路 79 號
時 週一至六 09:00~19:00 休 週日
交 捷運**西門站** 1 號出口步行約 10 分鐘

在萬華區一個不起眼的街角，隱藏着一間人氣小店 —— 一甲子餐飲。這家店雖然其貌不揚，卻是萬華的美食地標。

▲不管甚麼時候來，店外都是大排長龍。我們平日下午 2 點到達，原以為可以避開人潮，結果還是排了一小時。從排隊的顧客中，就知道這間店真的國際知名：日本、韓國、馬來西亞、香港，甚至歐美的遊客都在排隊。

▲焢肉飯（NT$120）是招牌之一，看似簡單，但吃第一口的時候，不經意「哇」了一聲。三層五花肉入口即化，醬汁甜鹹平衡，而且有豬肉的香味，連瘦肉部分都燉得極為軟嫩。配菜跟焢肉是完美配搭，醃青瓜清爽解膩，滷豆乾很入味，辣蘿蔔爽脆惹味，加上清新的酸菜，令整碗飯口感層次很豐富。

一甲子餐飲連續五年獲得米芝蓮必比登推薦，在Google得到超過5,000則評論的4.4高分，人氣超強。

餐牌很簡單，只賣幾樣小吃，像是焢肉飯、刈包、油條魚丸湯和豬血豬腸湯等。讓人欣賞的是，即使得到米芝蓮加持，價格依然親民，沒有因名氣而坐地起價。

▲小店外的路邊有幾張摺枱，堂食要自己找位置，並需要與陌生併桌。雖然用餐環境不太舒適，但這種用餐方式十分地道，別有風味。

▲要排長龍才吃到的食物，通常分數上會大打折扣，但這裏即使要排上一個小時，我們依然覺得很值得，不介意的話可以試試。

▲刈包（NT$60）令人非常驚艷，裏面的焢肉同樣是三層五花肉，軟嫩得幾乎不用咀嚼，配上酸菜、芫荽和甜花生粉，非常好吃。一口咬下，麵皮的鬆軟包裹着滿滿的餡料，油而不膩，麵皮吸收了焢肉的油脂，超級好吃！

信義區是台北最時尚的地方。這裏有最著名的地標台北 101，是來台北旅遊打卡的必到地點，還可以搭乘健力士紀錄最快的電梯到頂樓欣賞城市景色。信義區也是購物狂的天堂，統一時代百貨和微風信義名牌一應俱全，可以讓你逛到爽，買到爆！

除了繁華的商業區，信義區也有許多精緻的餐廳與咖啡廳，無論是品味高級料理，還是享受悠閒下午茶，這裏都能滿足你的需求。每年，信義區還會舉辦各種時尚與藝術活動，吸引不少遊客和本地人前來參與。

信義區不只有購物和美食，還有松山文創園區和富邦美術館，讓喜愛文化與藝術的人能夠沉浸其中。無論是白天還是夜晚，信義區總是充滿驚喜，是探索台北時尚魅力的好去處。

交通方式

捷運	起站	路線	目的站
捷運	台北車站	淡水信義線	台北 101/ 世貿站 / 象山站
捷運	西門站	板南線	後山埤站 / 永春站 / 市政府站 / 國父紀念館站

信義區景點列表

1. 富邦美術館
2. IKIGAI 燒肉專門店（三越 A8 店）
3. Pokémon Center TAIPEI 寶可夢中心台北
4. 饗 A Joy
5. 天空興波 Simple Kaffa Sola
6. i-Ride TAIPEI
7. 秦小姐豆漿（信義店）

信義區

富邦美術館

2024 年 5 月 OPEN

台北藝文新地標

址 台北市信義區松高路 79 號　時 11:00~18:00　休 週二
費 全票 NT$300　網 www.fubonartmuseum.org
交 捷運**市政府站** 3 號出口步行約 9 分鐘

▲ 富邦美術館由普立茲克建築獎得主倫佐．皮亞諾（Renzo Piano）及其工作室 RPBW 設計，特色是大落地窗和引入自然光，營造穿透輕盈的感覺。

▼ 廣場上的巨型裝置藝術《光與愛》(Light and Love)，為西班牙藝術家喬姆．普蘭薩（Jaume Plensa）的作品。

信義區的新地標——富邦美術館，佔地 11,000 呎，樓高五層，無間隔的挑高開放空間，讓參觀者完全沉浸在藝術品當中。美術館定期規劃來自世界各地藝術家的展覽，像早前展出 25 幅梵高真跡畫作，便吸引了相當多人前往欣賞，成為城中熱話。喜歡藝術的朋友，相信每次來都會有驚喜。

▲ 美術館定期更換展覽，我們到訪時正值是梵高展覽《梵谷：尋光之路》，人頭湧湧。喜歡藝術的朋友不妨留意美術館官網，了解當前展覽。

美術館共有三個展廳，分別是一樓「水景展廳」，以及三樓「日光展廳」和「星光展廳」，最多同時可舉辦三個展覽。不過要留意，有些展覽可能要分開購票，並不是一票共通。

▲位於美術館入口處的藝術裝置，是風動藝術家新宮晉的作品《The Galaxy》，裝置隨風慢慢轉動，不論是在地下抬頭觀看，還是在三樓俯瞰細賞，不同角度都能感受風的存在。

▲開闊的挑高空間完整呈現大型畫作，不會被切割視線。

▼藝術商店「大光創所」，會按各期特展推出展覽限定商品，亦有販售富邦典藏展商品、美術館 Logo 商品、書籍等。

信義區

2024 年 3 月 OPEN

IKIGAI 燒肉專門店（三越 A8 店）

經濟實惠的一人燒肉連鎖店

址 台北市信義區松高路 12 號新光三越台北信義新天地 A8 B1/F
時 11:00~22:00
交 捷運**市政府站** 3 號出口步行約 3 分鐘

IKIGAI 燒肉專門店是**全家（Family Mart）開設的連鎖燒肉專門店**，其中信義區新光三越分店對旅客來說最為方便。“IKIGAI”可讀做諧音「一起尬意」，「尬意」就是台語的「鍾意」。“IKIGAI”其實是日語「生き甲斐」，意思是「相信生活點滴樂趣，就能讓生活更充實和圓滿」。

美國翼板 & 牛舌雙拼套餐（NT$490）

有十片美國翼板（牛）和 4 片澳洲牛舌，分量十足，當然味道不能跟頂級燒肉相比，但已經物有所值。

IKIGAI 主打經濟實惠的一人燒肉，大部分定食套餐只需 NT$600 以下，最貴的也不到 NT$1,000，性價比高！定食套餐包含肉類、沙律、飲品、白飯、湯和「燒肉之魂（5 種配搭燒肉的調味料）」。

▲ 燒肉跟白飯真是絕配。

豚鳥海鮮盛合套餐（NT$560）

有豚五花、松板豚、香草雞腿、鮮白蝦、深海大魷魚、北海道生食級干貝，真的只能用超值來形容。

▲ 白蝦已經去殼，完全不怕會弄污雙手，吃得企理，讚！

▲ 可以問店員拿砂漏來計時，按着上面的指示，就能將燒肉烤到恰到好處。

▲ 店內環境乾淨舒適，抽風做得很好，吃完不會滿身油煙味。

2023 年 12 月 OPEN

Pokémon Center TAIPEI 寶可夢中心台北

Pokémon 迷定要朝聖商店

址 台北市信義區松壽路 11 號新光三越台北信義新天地 A11 3/F 時 11:00~21:30
交 捷運**市政府站** 3 號出口，或台北 101/ 世貿站 4 號出口，步行約 7 分鐘

◀ 門口有巨大快龍和比卡超雕像，是打卡熱點！

「Pokémon 日夜鍛煉去取勝，沿路看遍每個都市，飛過綠樹遍遍山莊～」Pokémon 迷注意，寶可夢中心台北絕對是來台北必去景點，因為這裏不單是購物天堂，更是每個寵物訓練員的夢幻國度。

商品種類和款式超多，毛公仔、文具、服飾、卡牌、遊戲、家品，能夠想像到的產品都有，除此之外還有**台北限定商品**，大人小朋友都一定找到心頭好。

▲ 不同造型的比卡超，超可愛！

▲ 店內的設計和擺設都十分精美。

▲ 各式各樣的 Pokémon 毛公仔。

▲ 有各種卡牌組可選購，還有珍貴卡牌展示，喜歡卡牌遊戲的朋友一定要來看看。

▲ 除了購物，還有遊戲和 App 顯示區，只要將圓盆放在感應器上，就可看到相關內容。

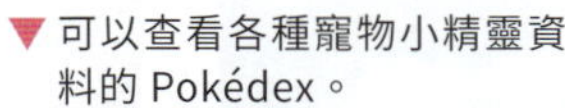

▼ 可以查看各種寵物小精靈資料的 Pokédex。

▲ 卡牌遊戲對戰區。

2023 年 7 月 OPEN

饗 A Joy

台北最強自助餐，86 樓美景配美食

址 台北市信義區信義路五段 7 號 86 樓　時 11:30~21:30　網 www.ajoy.com.tw
費 午餐 NT$3,280、晚餐 NT$3,880（另加 10% 服務費）
交 捷運**台北 101/ 世貿站** 4 號出口步行約 7 分鐘

被稱為「**台北最強自助餐**」的饗 A Joy，位於台北 101 的 86 樓，坐擁絕佳景色，加上食物種類豐富，多達 300 款選擇，無限量供應龍蝦、長腳蟹腳、A5 和牛、拖羅、生蠔等，雖然價錢不便宜，但開幕以來一直人山人海，想吃的話一定要提早訂位！

◀ 建議預約週一至四的午餐，或週一至日的晚餐時段，可吃足 3.5 小時。問過幾位吃過饗 A Joy 的香港朋友，都表示相當滿意！

▲ 獲安排窗邊位置，可一邊享受美食，一邊眺望台北美景。

▲ 樓底高，空間開闊，枱與枱之間有一定距離，枱面亦夠大，吃得舒服。

▲ 新鮮即開生蠔，來自日本兵庫縣，飽滿肥美，味道甘甜。

即場現煎龍蝦，香氣撲鼻！

▲甜品也絕不馬虎，不定期與甜點名廚合作，推出新款甜品。

▲單是刺身就有7、8款，中拖羅、青鮒都是必吃！

▲炭烤長腳蟹、現煎帶子、鮑魚、A5和牛現沖牛肉湯、燉湯、各式甜品，食物款式十分多，光是看就令人開心。

▶飲品區提供多款調酒和茶，亦有與世界咖啡冠軍「興波咖啡」推出限定口味的聯名咖啡，試了幾款都很好喝。

◀吃至尾聲侍應會遞上明信片，寫完後投進櫃台前的信箱，餐廳會幫忙免費寄出，即使寄去香港都沒問題。

▲松露蟹黃小籠包即包即蒸，皮薄汁多，餡料香氣十足，有驚喜。

信義區

2023 年 1 月 OPEN

天空興波 Simple Kaffa Sola

址 台北市信義區信義路五段 7 號台北 101 購物中心 88 樓
時 10:00~20:00
交 捷運台北 101/ 世貿站 4 號出口步行約 7 分鐘

台灣最高觀景咖啡店，世界冠軍級的咖啡體驗

說到台灣最強咖啡，一定非「興波咖啡」莫屬，曾獲得台灣和世界咖啡大賽冠軍，被評為「**全球 50 間最棒咖啡館**」。「天空興波」是 2023 年在台北 101 的 88 樓開設的旗艦店，擁有無敵景觀，可以一邊享受咖啡，一邊從高空欣賞台北城市風景。

▶ 由於太受歡迎，強烈建議到 inline app 預先訂位，才能舒適輕鬆地享用咖啡，不用長時間排隊等候。（註：下午尖峰時段只開放現場候位）

▲ 座位分成三種消費，窗邊觀景座位基本消費一桌 NT$2,000（2-4 人）；海灣型梳化基本消費一桌 NT$3,000（2-8 人）；一般座位基本消費 NT$300/ 人。

▼ 2023 WCE 世界盃咖啡大師台灣選拔賽第一名。

興波咖啡的咖啡選擇很多，有淺焙、中深焙滴濾咖啡，每款都列明產地和味道，可以按自己的喜好選擇。此外還提供意式咖啡和創意咖啡。

▲ 天空綜合 101 限定（NT$350），味道層次豐富，帶有花香和烏龍茶風味。

◀ 南島煙燻冰咖啡（NT$240），店內其中一款創意咖啡，用愛玉、冬瓜茶和桂花釀加入咖啡當中，充滿台灣特色。

▼ 如果內用滿座，又想一嚐它的咖啡，也可以選擇外賣，外帶區雖然沒座位，但同樣可欣賞風景。

▲ 有自家製咖啡豆和掛耳包可以購買，當做手信很不錯。

▲ 顧客要先在 1 樓櫃枱登記，取得枱號後搭乘電梯上去。

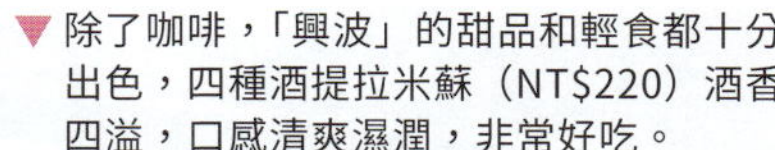

▼ 除了咖啡，「興波」的甜品和輕食都十分出色，四種酒提拉米蘇（NT$220）酒香四溢，口感清爽濕潤，非常好吃。

i-Ride TAIPEI

懸空式動感座椅「飛」一般體驗

址 台北市信義區松智路 17 號 6 樓（微風南山百貨公司內）
時 週日至三 11:00~21:30（最終售票 20:45）、週四至六 11:00~22:00（最終售票 21:00）
費 成人票 NT$520
交 捷運台北 101/ 世貿站 4 號出口步行約 5 分鐘

想在台北來點特別的玩意？不妨到 i-Ride TAIPEI 飛行劇院，來趟前所未有的空中冒險！三層樓高的球狀巨大球幕、懸空式動感座椅，配合風吹、水霧及氣味等特效，達到視覺、聽覺、嗅覺、觸覺與移動的五感體驗，想感受「飛」一般的樂趣非這裏莫屬！

▲ 工作人員化身店小二為參加者奉茶，並介紹北宋各種特色美食，參加者更有機會一嚐棗糕的滋味。彷彿穿越時空，完全浸沉在古代的氣氛中。

▲ 我們體驗的影片主題為「飛越台灣」，從台北 101 到日月潭，從太魯閣到墾丁，台灣美景在 20 米巨大球幕展開，叫人目不暇給。

▲ i-Ride TAIPEI 不時更換影片主題，到訪時正好是《會飛的清明上河圖》，場地佈置成古代汴京大酒樓，給人沉浸式的體驗，不妨細味每一個細節。

◀ 一邊飛行還會聞到花香、酒氣和烤肉味，掉進河裏時更有霧水撲面，是一場豐富的五感盛宴。

▲ 飛進名畫裏，鳥瞰千年前的古都汴京，座椅會隨着畫面搖擺、傾斜，好像真的在天際翱翔。

▲ 飛行前會先拍紀念照，喜歡的話可以到紀念品商店購買，每張 NT$100。

▲ 坐上懸空式動感座椅後，整排座椅會移動到半空中，被巨型球幕包圍着。

▲ 最後別忘了逛逛紀念品商店，看看有甚麼手信適合帶回家。

傳統而創新，可媲美阜杭的豆漿店

秦小姐豆漿（信義店）

址 台北市信義區吳興街 7 巷 1 號
時 週一至六 06:30~14:00　休 週日
交 捷運**台北 101/ 世貿站** 2 號出口步行約 5 分鐘

來台北旅遊，怎能不吃豆漿早餐呢？最出名的阜杭豆漿相信大家都知道，但動輒要排隊一小時以上，真的沒有動力早起身。有沒有不用排這麼久，又跟阜杭豆腐一樣好吃的豆漿店？有！秦小姐豆漿幫到你。

店內環境乾淨企理，不像傳統早餐店般髒亂，而且有冷氣開放，可以舒服自在地享受早餐。

秦小姐豆漿（信義店）在四四南村附近，吃完可以順道去參觀一下，在那裏拍 101 超美！

秦小姐豆漿是台灣資深藝人秦菲菲創立的傳統豆漿店，除了傳統豆漿店的早餐，她將眷村常見的菜式Crossover傳統早餐，例如豇豆×蛋餅、燒餅×獅子頭和孜然豬扒×葱花餅等等，不是一般豆漿店能吃到的味道，連本地人都會慕名而來。

獅子頭是秦小姐的招牌，可以配蛋餅、燒餅、飯糰或葱花餅，我們點了燒餅獅子頭蛋（NT$65），燒餅酥脆又帶有芝麻香味，獅子頭紮實，充滿肉汁。

▶ 豇豆蛋餅（NT$50）是另一招牌，豇豆微酸爽脆，有點像帶酸味的四季豆，想不到跟蛋餅頗搭，吃的時候記得點醬油膏或豆瓣醬。

還有不同口味的酥餅，如鹹葱酥餅、蘿蔔絲酥餅、甜芝麻酥餅和麥芽糖酥餅。

這家的鹹豆漿是我吃過最好吃的，豆漿味道濃郁，配搭葱花和油條很好吃，能吃辣的話記得加自製麻香辣油，跟鹹豆漿超搭！

招牌獅子頭有大顆小顆，每日限量供應，可以整盒購買。

鹹豆漿口感有點像豆腐花，口感綿滑。

士林、北投區

士林區位於台北市北部，結合傳統與現代，提供多種旅行體驗。著名的士林夜市是地道美食天堂，提供各式台灣小吃和攤位遊戲。臺北表演藝術中心設計獨特，定期舉辦不同表演，藝術文化愛好者不要錯過。

臺灣科學教育館和臺北市立天文科學教育館很適合親子同樂，裏面的互動式展覽可讓孩子寓學習於娛樂。旁邊的臺北市立兒童新樂園，設有各種機動遊戲，可讓全家共享歡樂時光。

歷史愛好者可參觀士林官邸正館，了解台灣前領導人蔣中正的生活足跡，欣賞優美的庭園景觀。此外，故宮博物院收藏豐富的藝術珍品，可一覽中華文化的精髓。

士林區景點列表

1. 臺北表演藝術中心
2. 雹仔豆花

交通方式

捷運：中山站 --淡水信義線--> 劍潭站／士林站／芝山站

新北投支線
新北投
北投溫泉博物館
北投文物館
北投市場
北投
捷運淡水信義線
奇岩
法鼓山農禪寺
唭哩岸
石牌
明德
芝山
皇池溫泉御膳館
中國文化大學
草山夜未眠景觀餐廳
天母古道親山步道
沃田旅店
天母生活市集
金蓬萊
天母運動公園
士東市場
大葉高島屋
遠東SOGO
台灣戲曲中心
社子大橋
洲美快速道路
基隆河
承德路六段
市立兒童新樂園
台灣科學教育館
士林
士林官邸
東吳大學
故宮博物院
士林夜市
百齡橋
前港公園
劍潭
劍潭山
劍潭公園
國民革命忠烈祠
圓山大飯店
環河快速道路
中山高速公路
大龍峒保安宮
市立美術館
圓山
三重國小
大直
劍南路
松山機場
M
A
P

士林、北投區

北投是台灣著名溫泉區之一，由日治時代起便以優質白磺泉聞名，吸引無數旅人前來造訪。白磺泉呈乳白色，散發着淡淡的硫磺味，有「牛奶湯」和「美人湯」之稱。

區內景點豐富，從見證歷史的北投溫泉博物館、充滿日式風情的北投圖書館，到綠意盎然的北投公園，處處都能感受到溫泉文化與歷史的痕跡。捷運新北投站周邊的溫泉商圈，雲集了各式溫泉旅館和特色餐廳，喜歡泡溫泉的一定要來！

交通方式

捷運：台北車站 --淡水信義線--> 新北投站／關渡站

士林區景點列表

3. 北投晶泉丰旅
4. 關渡碼頭貨櫃市集

MAP

臺北表演藝術中心

貢丸、米血糕、百頁豆腐？

址 台北市士林區劍潭路 1 號　時 週二至日 12:00~21:00　休 週一
網 https://tpac.org.taipei/
交 捷運劍潭站 2 號出口步行約 1 分鐘

▼藝術中心前偌大的戶外廣場，不時有年輕人在跳舞，引來路人駐足觀看。

臺北表演藝術中心（北藝中心）的外觀是由一顆球形和兩棟長方形建築物組成，因此台灣人戲稱為「貢丸、米血糕、百頁豆腐」，其實這三座建築物都是劇場，我們也曾在這裏看舞台劇。

位於二樓角落的青鳥書店，兩邊是波浪形落地玻璃，空間開闊明亮。

▼ 坐在書店一角看書，同時被陽光溫柔地包圍着。

除了劇場，裏面還有書店、餐廳，以及**名為「參觀回路」的免費活動，讓遊人一探平常看不到的劇場幕後**。北藝中心就在捷運劍潭站對面馬路，去士林夜市的路上一定會經過，即使不看表演，也可入內逛逛。

▼ 二樓一隅放了幾張鯨魚造型櫈，行程不趕的話可以在這裏發發呆，看看山，望望捷運進站離站。

▼ 一樓的 VERSE baR 結合餐飲與閱讀，以紐約街頭報攤為設計概念，主要供應咖啡和輕食。

▲ 中心外的販賣機同樣有售周邊商品，不怕中心關門後買不到。

▼ 北藝中心推出多款周邊商品，有襪子、萬字夾、襟章等。

▲ 位於七樓的 ACME 餐廳主打 Brunch，最低消費 NT$500。

▲「參觀回路」入口就在北藝中心正門旁邊，以搶眼的橙色為標記。乘上這條電梯後，大部分區域都不能拍照，想知道裏面到底有甚麼？就要來親身參加了！

「參觀回路」免費活動

我覺得整個北藝中心最特別的是這條名為「參觀回路」的環狀參觀路線，建築師在構想之時，特地預留了一條貫穿整棟建築物的通道，讓遊人以嶄新的方式參觀劇場，走進平常無法踏足的地方，一窺舞台幕後的神秘面紗。

沿着「參觀回路」可看到三座劇場的隱藏角落、工作人員平時使用的通道，參觀當天我們還透過觀景窗看到劇團在綵排。全程雖沒有導賞員帶領，但沿途設有解說牌，也有工作人員指引路線。不過要注意，為了不影響舞台運作，參觀路線燈光較為昏暗，且全程多樓梯，行走時要多加小心。

我們當天是現場報名參加，不過參觀人數每天設有上限，要避免撲空最好先網上預約。

▲搭乘電梯來到十一樓的開放式觀景平台，可俯瞰士林地區周邊景色。

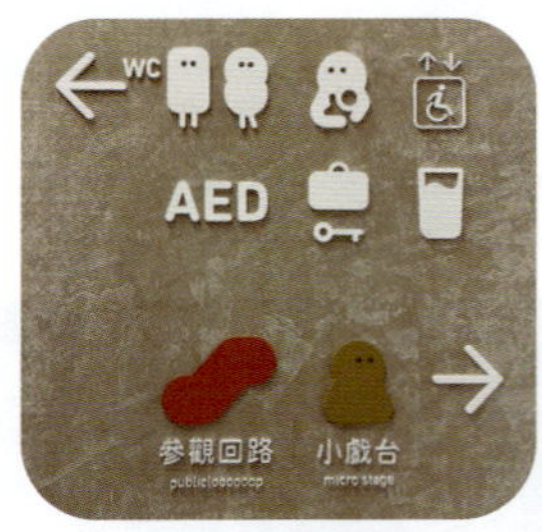

開放時間： 週三至日 14:00~17:00（最後入場時間 16:15）

活動時長： 約 30 分鐘

2023 年 8 月 OPEN

雹仔豆花

像吃芝士的鹽滷豆花

址 台北市士林區小東街 42 號　時 週五至三 16:00~22:00　休 週四
交 捷運士林站 2 號出口步行約 7 分鐘

▲ 從店外往內看，只見玻璃門內漆黑一片，正當心裏疑惑關門了嗎？又看到裏面有微弱光線。

隱身在士林夜市旁邊的雹仔豆花，不仔細看真的會錯過！豆花店下午四點才營業，晚上十點關門，所以可以逛完士林夜市後來吃甜品。

廚房前放了四大個電飯煲，上面的木桶正在蒸鹽滷豆花。鹽滷製鹽過程中產生的液體，是天然凝固劑，適合用來做豆花。香港人常吃的豆腐花滑溜輕盈，而鹽滷豆花則完全不同，一放入口，馬上感受到厚重的質地，用舌頭輕輕一壓，綿密的豆腐花慢慢化開，接着是一股淡淡的鹹香，令人有在吃芝士的錯覺，配上一口甜糖水，味道新奇又衝擊。

▲ 小店走復古風格，室內昏暗，要不是看到老闆在開放式廚房準備豆腐花，還以為自己去了酒吧。

◀ 店家也有賣仙草，仙草凍是台灣常見甜品，看起來與涼粉相似，但口感較軟滑煙韌，味道偏淡，不會有苦澀味。

◀ 無論是吃鹽滷豆花還是仙草，都可以選擇一至三樣配料，有花生、紅豆、粉圓、芋圓和仙草凍。

2024 年 9 月 OPEN

北投晶泉丰旅

極致泡溫泉享受

址 台北市北投區泉源路 19 號
時 湯屋：07:30~23:00（最後預約時間 21:00）、大眾風呂：07:00~23:00（最後入場 22:30）
費 泉月湯屋 NT$2,500、望月湯屋 NT$3,000、詠月湯屋 NT$3,500，另加 10% 服務費
網 https://beitou.wellspringbysilks.com/tw/
交 捷運**新北投站** 1 號出口步行約 3 分鐘

▲ 湯屋接待處位於 5 樓，櫃台前是簡約優雅的休息區，泡溫泉前後都可以在這裏稍作歇息。

相隔十幾年，北投終於迎來全新溫泉酒店 —— 晶泉丰旅。作為晶華國際酒店集團第二間溫泉酒店，晶泉丰旅以簡約時尚的設計風格，為這個百年溫泉區注入新活力。

▲ 湯屋分三種房型：泉月湯屋（溫泉單池）、望月湯屋（溫泉單池，附露台），及空間最大的詠月湯屋（冷熱雙池），每間使用時間為 90 分鐘。

◀ 湯屋內的沐浴用品選用晶華酒店自家品牌「沐蘭 Wellspring SPA」。

酒店設有 16 間獨立湯屋及男女賓大眾風呂，即使不住宿的旅客也能在這裏感受北投白磺泉的療癒力量。想呵護自己多點，更可到酒店內的「沐蘭 Spa」，同時享受按摩和溫泉。泡溫泉後，到「三燔北投」餐廳享用涮涮鍋、壽喜燒，簡直是人生樂事！

▲望月湯屋附設露台，綠意盎然，泡得熱了可到外面吹吹風。

▲大眾風呂內設有桑拿和蒸氣浴，出一身汗很舒服。

▲每間湯屋配備梳化，及可連至影音串流平台的電視，可邊泡溫泉邊悠閒放鬆。

▲大眾風呂為裸湯，個人物品可放在儲物櫃。離開前可到梳妝區域整理儀容，風筒、梳子、護膚品、頭髮造型用品等十分齊全。

◀▼男賓大眾風呂使用大量自然石材堆疊，女賓大眾風呂則有假山造景，讓人恍如置身大自然中。

▲酒店內的「沐蘭 Spa」，可同時享受精油 Spa 和溫泉。

2024 年 5 月 OPEN

關渡碼頭貨櫃市集

台北悠閒貨櫃市集

址 台北市北投區知行路 360-1 號　時 平日 16:00~22:00、假日 12:00~22:00
交 捷運**關渡站**，轉乘台北市公車紅 35、小 23 至關渡碼頭站

關渡碼頭貨櫃市集以彩色貨櫃為主題，美食選擇豐富，無論是台灣小吃、國際料理還是甜點飲品，都能在這裏找到。晚上來訪的話，市集的燈光裝飾更添氣氛，是拍照打卡的好地方。餐點價錢比一般夜市稍高一點，但以這個環境和氣氛來說，還算是合理。

◀ 關渡碼頭貨櫃市集位於關渡碼頭旁邊，從捷運關渡站走路 15 分鐘就能抵達，地點算是便利。

▲買完食物，可以坐在貨櫃上面或河邊，一邊享用一邊欣賞風景。

▲關渡碼頭在假日的時候，會不定期有觀光船載旅客暢遊淡水河，運氣好遇見的話不妨遊船河欣賞淡水河景色。

▲市集在淡水河邊，能看到紅色的關渡大橋和觀音山，景色十分優美，很適合黃昏時間來看日落。

▲此外也可以規劃一場單車之旅，從大稻埕碼頭租借單車，然後在關渡碼頭貨櫃市集還車，沿着河邊單車徑騎乘，風景優美，邊騎邊拍照，大概一個多小時就到。除了上落橋，全程都是平路，算是輕鬆。（租單車資訊可參考台北市河濱自行車租借站網址：http://www.ukan.com.tw）

▲這個市集假日才會比較熱鬧，很多家庭會帶小孩來踏單車、散步和放狗等等，相反平日比較冷清。想感受熱鬧氣氛的話，建議安排假日下午或晚上來玩。如果行程會去淡水，可以安排在同一天，下午遊淡水，晚上回台北時順路去關渡貨櫃市集。

總結

雖然大稻埕碼頭貨櫃市集（P.38）和關渡碼頭貨櫃市集很相似，個人覺得大稻埕比較Chill，適合晚上去喝酒吃小吃；而關渡則比較悠閒，適合假日郊遊。

淡水區

淡水是北台灣著名景點，常常是台灣本土旅遊最受歡迎頭幾位。淡水不僅有山、河、海的美景，也有歷史悠久的古蹟群，如紅毛城、小白宮等等；又有多元的藝術文化，如巫登益美術館、齊柏林空間等等；更有多種美食，從老街的平民小吃到高級餐廳都有，每年吸引很多遊客到訪。

前往淡水的交通非常方便，搭乘捷運紅色線到尾站就是淡水了，從台北出發不到一小時。如果想度過輕鬆悠閒的一天，來淡水就對了。

淡水景點列表

1. 明水然・樂淡水景觀店
2. 巫登益美術館
3. 蘆洲紅燒羊肉拉麵（紅毛城店）
4. 水灣餐廳榕堤店
5. 淡水老街
6. 文化阿給
7. 老牌阿給
8. 三姐妹阿給
9. 淡水第一漁港
10. 黑殿飯店

台北海洋大學
滬尾砲台公園
10
淡水河

交通方式

捷運：台北車站 --淡水信義線--> 竹圍站／紅樹林站／淡水站

濱海沙崙
濱海路二段
濱海義山
淡海輕軌
淡水行政中心
家樂福
中山北路二段
新市一路
新春街
滬尾礮臺
一滴水紀念館
淡水將捷金鬱金香酒店
真理大學
新民街
北新路
家樂福超市
新生活書局
鍋台銘
淡水紅毛城
淡江大學
朝日
小白宮
墨尼尼
嗜甜
多田榮吉故居
之藍
齊柏林空間
海記
倆樂
洪媽
淡水客船碼頭
源味本舖
萃年華
許義
龍山寺
醍醐大師
淡水金色水岸
中山路
現煮小卷
迪姆
淡水
捷運淡水信義線
中正東路
淡水文化園區
MAP

2024 年 4 月 OPEN

明水然 · 樂 淡水景觀店

眺望淡水美景，無菜單鐵板燒

址 新北市淡水區中山路 8 號 11 樓（大都會廣場）
時 11:15~15:40（最後點餐 14:00）、17:15~21:40（最後點餐 20:30）
網 https://booking.twledodo.com/（預約）
交 捷運淡水站 1 號出口步行約 3 分鐘

想在淡水找個視野開闊、一邊吃飯一邊欣賞美景的地方嗎？位於大都會廣場 11 樓的明水然 · 樂會是個好選擇，景觀開揚，可眺望淡水河和對岸的觀音山，室內環境簡約舒適，可說是淡水最美的鐵板燒餐廳。

▼ 開始時鐵板燒師傅先介紹食材，每道菜之間也會作簡短講解。吃鐵板燒就像看表演，近距離欣賞廚師用心烹調每道菜式。

▲ 建議黃昏時分前來，可以同時欣賞白天的觀音山和淡水著名的絕美夕陽。

▲ 有些菜式會使用台灣本土食材，例如煎澎湖野生小卷（魷魚）配香蒜美乃滋，鮮味整個提升。

主打**無菜單鐵板燒**，供應多款新鮮高級食材，價格相當合宜，菜式或烹調方式會不定期更換。要留意，餐廳採預約制，不能 Walk in，想來的話一定要預先網上訂位，訂位後須支付訂金才算預約成功。

◀▲ 無菜單料理共有 14 道菜式，基本套餐為 NT$1,600，包括活龍蝦、日本和牛、生食級帶子等；也可選擇 NT$2,400 的套餐，食材升級至南非活鮑、海膽、頂級 A5 和牛等。

▲▼ 龍蝦三吃：濃郁的龍蝦膏芝心蛋捲、新鮮爽口的鐵板野生活龍蝦，以及龍蝦味噌湯。

▲ 每道菜經過精心搭配，像這道煎北海道生食級帶子佐特製百香果醬，上面還放了蟹肉蟹膏和食用花，十分有心思。

小貼士

得知近日明水然．樂在香港開了分店，不過相比起來，還是台灣的價格比較親切。

2023年9月OPEN

巫登益美術館

150年歷史古蹟
化身當代藝術館

址 新北市淡水區真理街巫登益當代藝術園區
時 週一至五 09:30~17:00、週六日 09:30~17:30 休 每月第二個週一
費 一般 NT$200，18歲以下及65歲以上 NT$150
交 1. 捷運淡水站步行約15分鐘
2. 於捷運淡水站乘公車紅26、836，至重建街口站下車，沿真理街步行

▲在古舊建築物裏展示當代藝術，古今交錯、新舊融合的感覺十分特別！

▼美術館最特別的建築特色，就是在同一塊土地上，有着三個時期、三種風格的建築物，包括清末閩式燕尾古厝、日治時期的白色聯排瓦房，以及17世紀建成的白堊洋樓，見證着淡水東西方文化融合的歷史。

▲累了的話，可以在梳化區休息一下，慢慢欣賞石壁上的藝術品和窗外漂亮的淡水景色。

巫登益美術館就在淡水的小山丘上，周圍古蹟雲集，紅毛城、小白宮、真理大學都在步行範圍內。美術館本身也是一座古蹟，由加拿大來台宣教士馬偕博士於1875年監工設計，這150年間曾用作不同用途，如宣教士宿舍、婦女義塾校舍、學生宿舍等，後來改建為巫登益美術館。

美術館**主要展出當代彩墨大師巫登益先生的畫作**，彩墨畫就是傳統水墨畫加上顏色，而巫登益先生以獨特的風格融合了當代彩墨與現代抽象藝術，同時保留了水墨畫的精髓。

▲白堊洋樓前身是外國來台宣教士的宿舍，現時仍保留了百年石壁、歐式壁爐。

▲白堊洋樓天台是這一帶古蹟群的最高點，可以眺望淡水河景及對岸的觀音山。

▲燕尾古厝和白色聯排瓦房為藝術商店，販售一些文創商品，以及高度還原原作的數碼版畫。

▲園內有一棵百年樟樹，根據博物館官網記載，是由馬偕博士親自挑選的樹種。

▼除了巫登益先生的畫作，美術館亦舉辦各種展覽，我們到訪時正在展出「法國抽象藝術」。

▼走在掛滿藝術畫作的百年石壁迴廊，彷彿穿梭在時光隧道，讓人忍不住放慢腳步。

淡水區

2024 年 4 月 OPEN

蘆洲紅燒羊肉拉麵（紅毛城店）

全台唯一巨無霸帶骨羊膝拉麵

址 新北市淡水區中正路 243 號
時 週一四五 17:30~20:00，週三 11:30~14:00、17:30~20:00，週六日 11:30~20:00 休 週二
網 https://booking.twledodo.com/（預約）
交 1. 捷運淡水站 1 號出口步行約 20 分鐘
2. 捷運淡水站乘公車 836、837、857、883、紅 26、藍紅 2 線，於小白宮站（淡水分局站）下車

喜歡吃羊肉的朋友有口福了，淡水紅毛城對面有一間紅燒羊肉料理專門店——蘆洲紅燒羊肉拉麵，有各種羊肉料理可以選擇，更用上羊肉、羊筋、羊扒、羊膝和羊腱等不同部位來煮拉麵、羊滷肉飯和羊肉火鍋等等。

◀ 店家對食材非常講究，羊的產地是紐西蘭和澳洲，並且獲得「清真認證」（符合伊斯蘭教法的食品），代表食材經過嚴格把關。

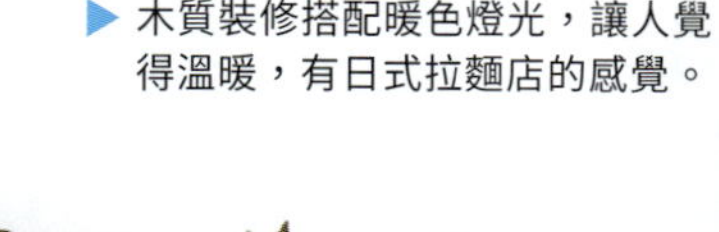

▶ 木質裝修搭配暖色燈光，讓人覺得溫暖，有日式拉麵店的感覺。

經典燉羊膝拉麵
（巨無霸帶骨羊膝，NT$388）

聲稱「全台唯一」的鎮店之寶，很多食客都為這個巨無霸帶骨羊膝而來，羊膝有拳頭那麼大，要用手或刀叉來吃（店家會提供手套和刀叉）。

經典乾麵套餐（NT$238）

不喜歡湯麵的話可點乾麵套餐，有紅燒羊筋羊肉湯和紅麴鮮拌麵，粉紅色的紅麴麵非常漂亮，令人食指大動。

招牌紅燒羊筋羊肉拉麵（NT$198）

羊筋和羊肉都炆得很腍，入口就化開，紅燒湯底非常濃郁，帶點微辣，既暖胃又好喝。

▲ 不吃羊肉的話可以選乾拌麵套餐，沒有肉只有麵。

▲ 除了麵食，還提供羊滷肉飯和羊筋羊肉火鍋。

▲ 餐廳還推出羊筋羊肉料理包，喜歡的話可以購買。

水灣餐廳榕堤店

淡水最美河岸打卡餐廳

址 新北市淡水區中正路 229-9 號
時 週一至五 12:00~20:30（最後點餐 19:30）、週六日 12:00~21:00（最後點餐 20:00）
交 捷運淡水站 1 號出口步行約 18 分鐘

▲每次來水灣餐廳榕堤店，都會喚起在峇里旅行的日子，藤編燈具、茅草、藤椅，背景播放着地道的峇里音樂，充滿異國情懷。

餐廳就在河岸旁邊，因為座位區架高了，景色不會被路人遮擋。

這間餐廳我們已經來過無數次，每次有香港朋友來淡水，我們幾乎都會帶他們來這裏。水灣餐廳在新北市各區有幾間分店，個人認為淡水榕堤店是最漂亮的一間，位於河岸旁坐擁無敵景觀，整間店散發着濃濃的峇里風情，與朋友在這裏度過一個午後，十分寫意。

▲餐廳分為室內區和半戶外區，有很多座位。

▲半戶外區比室內更有異國情調，在這邊看海吹海風實在一流！

小貼士

下午兩點至五點為下午茶時段，只供應午茶及輕食；午餐及晚餐時段則只供應套餐。

▼登帕薩爐烤脆皮大豬腳（NT$920），外皮焗得酥脆。

▼哇哈哈雷吉安炭火烤豬肋排（NT$920），以低溫風烤 8 小時而成，有印尼香料香氣，配有薑黃飯。

▲下午茶時段的最低消費是一杯飲品，柚香佛手鮮桔茶（NT$220）酸酸甜甜很清爽，花生拿鐵（NT$280）的杯邊掛滿花生醬，邪惡但好喝。

▲餐廳每一個角落都很美，經常看到食客們忙碌地走來走去拍照，而這個戶外區是必拍位置之一。

淡水住民的
私藏推薦

淡水老街

交 捷運淡水站 1 號出口

淡水老街是在淡水河畔一條歷史悠久的街道，兩邊有很多特色傳統小吃和手信店，多到令人有選擇困難，不知道要吃和買甚麼才好，所以我們精選一些值得推薦的小店給大家，快來看看吧！

金色水岸的「淡水」

著名打卡位，用對岸的觀音山做背景，地上有大大個「淡水」字樣（要抓對角度才看到）。

現煮小卷

址 新北市淡水區環河道路

現煮小卷是我們最推薦的小吃，因為這是其他老街不常見的美食。簡單將新鮮小卷／中卷燙熟，就是吃食材本身的鮮味，多汁彈牙。喜歡「啖啖肉」的選中卷，喜歡吃墨汁的選小卷。可以加醬汁，但我們覺得原味最好吃。

迪姆白糖粿

址 新北市淡水區公明街 75 號

因台劇《想見你》而爆紅的台南古早味小吃。把麵糰搓成長條形油炸，再沾上不同的味粉就變成白糖粿，口感既脆又煙韌，有點像煎堆。我們最愛焙茶、綠茶和黑芝麻口味。

萃年華滷味

址 新北市淡水區中正路 123 號

台式煙燻冷滷味，有多種滷味選擇，例如雞、鴨、豬、豆皮、滷蛋等等。全部真空包裝乾淨衛生，放冰箱可以保存 2 個月，很適合做手信。

源味本舖古早味現烤蛋糕

址 新北市淡水區中正路 230-1 號

經過的時候一定會聞到它的蛋糕香味，這個古早味蛋糕蛋香四溢又濕潤，新鮮出爐超好吃，就算放涼了一樣好吃。有 7 種口味，推薦大家吃原味。

倆樂花生捲冰淇淋

址 新北市淡水區中正路 11 巷 11 號

台灣古早味花生捲冰淇淋，餅皮夠薄而且有麵粉香味，花生粉也是從花生磚現刨出來，十分香濃。

醍醐大師

址 新北市淡水區中正路 11 巷 8 號

鐵蛋也是淡水必買手信之一，除了鐵蛋，醍醐大師還有一款很特別的「三味蛋」，是鹹蛋 + 皮蛋 + 茶葉蛋，一隻蛋有三種味道，「一次滿足你三個願望」。但因為製作需時幾十天，所以常常缺貨，幸運遇到的話可以買來試試啊！

許義魚酥

址 新北市淡水區中正路 184 號

魚酥是淡水特產，幾乎是必買手信。我們覺得許義魚酥最好吃，因為用料實在，口感紮實酥脆，而且不會太油膩。許義魚酥有兩種口味，原味和辣味。

洪媽酸梅湯

址 新北市淡水區中正路 11 巷 1 號

在老街吃完小吃，不妨買杯酸梅湯解滯，這間酸梅湯酸味十足又不會太甜，NT$35 一杯，消滯一流。

淡水住民的
私藏推薦

淡水阿給

淡水本地人推薦的「阿給」

很多人去淡水都會吃「阿給」這個地道特色小吃，可以說沒吃過「阿給」，就不算去過淡水。單聽名字完全想像不到到底是甚麼食物，它是個挖空了的油豆腐，裏面放入粉絲，再用魚漿封口，蒸熟後加醬汁湯汁一起吃。

為甚麼叫「阿給」？因為日文的油豆腐是「あぶらあげ」(Abura a-ge)，取其「a-ge」的讀音，就成為國語的「阿給」了。

真理街在老街末端，從馬偕頭像沿着斜路向上行，過對面馬路的小斜坡就到達了。

「阿給」好吃的方法：用筷子撥開豆皮，將粉絲和醬汁撈匀，讓粉絲和豆皮吸滿醬汁才吃。

雖然淡水有好多間「阿給」店，但淡水人一般不會吃老街的「阿給」，他們認為「那些是給遊客吃的」，大家公認真正好吃的「阿給」都在真理街上。真理街上有三間「阿給」，分別是「文化阿給」、「老牌阿給」和「三姐妹阿給」，各有擁躉。

醬汁和湯汁是「阿給」的靈魂，三間「阿給」的醬汁和湯汁都不同，「文化」味道比較濃郁，「老牌」味道相對清淡；「三姐妹」辣醬出色。

文化阿給

址 新北市淡水區真理街 6-4 號
時 週一至五 06:30~18:00、週六日 06:30~19:00

其中最出名的就是「文化阿給」，因為周杰倫在淡江高中讀書時常常來幫襯，也有很多名人來吃過。

「文化阿給」的「周杰倫套餐」，有阿給 + 魚丸湯 + 包子。

老牌阿給

址 新北市淡水區真理街 6 之 1 號
時 週二至日 05:00~14:00
休 週一

三姐妹阿給

址 新北市淡水區真理街 2 巷 1 號
時 週四至二 06:00~17:30
休 週三

丹頂豆

址 新北市淡水區真理街 1 之 1 號
時 週二至日 11:00~17:30
休 週一

除了「阿給」，真理街這間「丹頂豆」的雪糕也很推薦，有花生和芝麻兩種口味，真材實料，花生芝麻味超濃。

淡水住民的
私藏推薦

淡水最浪漫的日落景點

淡水第一漁港

交 1. 捷運**淡水站** 1 號出口步行約 20 分鐘
2. 捷運**淡水站**乘公車 836、837、857、883、紅 26、藍紅 2 線，於小白宮（淡水分局站）站下車

淡水第一漁港是淡水最佳看日落的地方，有舊淡水八景「漁港堤影」之稱，在 85 米長的防波堤旁，天光水色交錯互相輝映，景色醉人。

第一漁港旁邊有不少漂亮的咖啡店、小吃店和餐廳，推薦大家可以選以下一間坐下休息，一邊用餐一邊欣賞美景。

它的位置就在淡水老街末端，從淡水捷運站沿着河邊走，大約 20 分鐘就能到達。

Sugarholic 嗜甜漁港店

址 新北市淡水區新生街 2 號

時 週一至四 13:00~18:30、週五至日 13:00~19:00

2024 開幕的咖啡店，就在第一漁港對面馬路，擁有無敵景觀。餐點都是自家製作，咖啡豆是自家烘焙，蛋糕也是手工做的，甚至連 Gelato 都是在店裏製作，全部都很有水準。

有多款口味的自家製 Gelato。

蛋糕都是手工製作，很有水準。

擁有無敵景觀。

淡水住民的私藏推薦

海記三鮮麵線（NT$200）

海記麵線

址 新北市淡水區中正路 21 巷 9 號
時 15:00~20:00
休 週三

邊吃麵線邊看河景，人生一樂也。

2024 年年尾開張的麵線店，只賣麵線和關東煮。麵線種類很多，有大腸、牛肉丸和多種海鮮可以選擇，分量很多而且用料十足。雖然價錢比坊間的麵線店稍貴，大概 NT$100~NT$250 一碗，但能夠舒服地坐着邊看美景邊享受美食，也是值得的。

蝦仁尬蛋麵線
（NT$220）

之藍じらん抹茶販売店

址 新北市淡水區中正路 233-2 號
時 週一、三、四、五 12:00~19:00、週六日 12:00~20:00
休 週二

專賣抹茶甜品的小店，有抹茶拿鐵、抹茶甜甜圈、抹茶蛋糕和抹茶雪糕等等。雖然沒有內用座位，但買完可以在門外的堤邊坐着吃，也蠻好 Feel 的。

朝日夫婦

址 新北市淡水區中正路 233-3 號
時 12:00~20:00
休 不定休

人氣排隊名店，不介意排隊的話可以一試。招牌是刨冰和可麗餅，兩者都有多種口味選擇，每款外觀精美而有品味，非常適合用來打卡。

▲藍莓優格冰，有濃郁的藍莓果醬，上面再淋上藍莓味優格（乳酪），非常清爽，夏天消暑一流。

◀莓果烤布蕾可麗餅，外觀十分精美。

淡水住民的
私藏推薦

黑殿飯店

可能會錯過的
淡水老店

址 **創始店**：新北市淡水區中正路一段 62 巷 8 號
右岸店：新北市淡水區中正路 11 巷 10 號

時 11:00~20:30

交 1. 捷運淡水站 1 號出口步行約 20 分鐘
2. 捷運淡水站乘公車 836、837、857、883、紅 26、藍紅 2 線，於油車口站下車

黑殿飯店（創始店）在 1971 年創立，至今已經 50 幾年，是淡水的著名老店，不少台灣人和外國遊客都會慕名而來品嚐它的招牌菜——帶骨豬扒飯。但奇怪的是，我們很少聽到香港遊客來淡水會吃黑殿飯店，有些更從沒聽過這間知名老店，所以很想介紹給大家。

黑殿飯店有兩間分店，創始店在漁人碼頭附近的公寓小巷裏，右岸店則在淡水捷運站附近。飯市時間都要排隊，一位難求。

帶骨豬扒飯（中 NT$130、大 NT$160）的用料很講究，豬扒用上台灣 CAS 溫體豬、米是純台梗 9 號米。先將豬扒裹上一層薄麵粉和特製醬汁煎香，口感不柴又保留到肉汁。白飯配搭祖傳酸菜和鮮製豬油炸醬，拌勻一起吃，飯粒雖然吸滿豬油，但酸菜平衡了油膩感覺，十分好吃。

高麗菜炒飯（NT$145）用宜蘭蔥、屏東洋蔥、天然純釀醬油和高山高麗菜同炒，粒粒分明而且蛋味濃郁，非常香口。

九兩大雞腿飯（中 NT$155、大 NT$185）也很受歡迎，雞腿皮炸得很脆，肉質嫩滑而且有肉汁。

招牌極品牛五寶拉麵（NT$399），我們之前吃過覺得很好吃，可惜拍攝當日已經售罄，未能拍照給大家看，想吃的話記得早點來。

除了豬扒飯和雞腿飯，滷味也不錯，有牛筋、牛肚、豬頭皮、豬耳、大腸、豆皮、滷蛋等等。

黑殿犇牛拼盆（NT$350），有牛腱、牛筋和牛肚，滷得很脆很入味。

▼特製檸檬冬瓜露（NT$50），清涼解喝。

銀芽豆皮捲（NT$65），用豆皮包着爽脆多汁的豆芽，清淡爽口。

MAP
水灣餐廳
榕堤店
淡水渡船碼頭
張吳記
什錦麵
文心街
忠二街
水灣
餐廳
忠孝路
忠六街
文化街
中華路一段
八里福朋
喜來登酒店
龍米路二段
統力
八里渡船碼頭
八里渡船頭
兒童遊樂場
思咖啡
1
2
3

八里區

水源街一段
原德路
長興街
仁愛街
英專路
中正路
淡水老街
淡水金色水岸
黑殿飯店（右岸店）
淡水
淡水河

八里景點列表

1. 八里渡船頭老街
2. 八里左岸公園
3. 卡滋爆米花觀光工廠

八里是台北近郊一個適合放鬆的小旅行地點，就在淡水對岸，遠離城市繁囂。這裏結合了美食與自然風光，其中以八里老街和左岸公園最為有名。可以在老街品嚐各種地道小吃，然後到八里左岸公園散步或騎單車，沿着淡水河欣賞對岸的淡水老街和觀音山風景。八里是個半日遊的理想地點，適合想要悠閒度過一天的旅客。

交通方式

捷運：淡水站 --- 八里淡水渡輪 ---▶ 八里渡船碼頭

鄰近淡水的
世外桃源

慢活半天忘卻煩惱的好地方

八里渡船頭老街 + 八里左岸公園

交 捷運淡水站下車後，沿金色水岸老街步行至渡船頭，轉乘八里淡水渡輪

八里渡船頭老街和左岸公園與淡水老街只是一河之隔，是個比淡水老街更悠閒和慢活的地方，去膩了淡水老街的話，不妨到八里走走，享受半天慢活時光。

大家可以從淡水碼頭乘坐渡輪過對面的八里左岸，順便欣賞淡水河景，來回船票 NT$80，船程大概 15 分鐘，很快就到。

八里渡船頭老街

一下船就是八里渡船頭老街，雖然只有短短 100 米，卻有不少特色小吃。其中最有名的就是「統力雙胞胎」，它的招牌是古早味燕麥雙胞胎（類似甜甜圈）、芋頭餅和甜甜圈，都是現做現炸的。

「統力雙胞胎」的出品是台灣人回憶中的味道，差不多每個去八里老街的旅客都會買來吃。不過我們沒有很喜歡，因為食物偏油膩，建議買少少淺嚐就好。

除了雙胞胎，還有不少賣炸物的小吃店，例如炸魷魚、炸龍珠、花枝燒、炸地瓜和鹽酥雞等等，點餐後店家會將食物翻炸，脆卜卜熱辣辣好惹味。

老街街口的「故鄉燒酒螺」，有小辣、中辣和大辣可以選擇。

八里左岸公園

逛完老街可以沿着河邊往左散步到左岸公園，沿路上有不少賣手信、零食和飲料的小店。通過八里渡船頭小吃市集後就會來到左岸公園，豁然開朗。

婚紗廣場是八里著名打卡景點，除了彩色木盞步道，還設置很多拍照打卡的佈置，吸引不少情侶和三五知己前來。

八里渡船頭小吃市集週六、日才開放，有不同種類的美食，如牛扒、羊肉串、石板烤肉、基隆海鮮等等，非常熱鬧，氣氛很好。

過了小吃市集就是左岸公園，面積很大，沿着岸邊走都是公園範圍，沿途一大片綠色草地，假日的時候很多人在這裏野餐和玩耍。

有多個兒童遊樂場給兒童嬉戲，地下鋪了軟墊或草地，不怕跌倒受傷。

不想走路的話，也可以踏單車欣賞河岸風景，沿岸設有單車徑十分安全。碼頭附近有不少租單車的店舖，有兩輪、四輪、電動車和滑板車選擇，總有一款適合你。

岸邊有不少座位供人休息，坐在這裏欣賞河景和淡水市區景色，十分寫意。

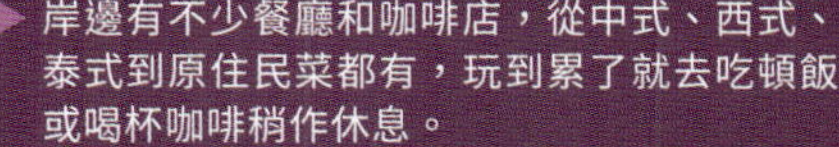

▶ 岸邊有不少餐廳和咖啡店，從中式、西式、泰式到原住民菜都有，玩到累了就去吃頓飯或喝杯咖啡稍作休息。

卡滋爆米花觀光工廠

爆谷愛好者必訪的觀光工廠

址 新北市八里區觀海大道 171 號
時 平日 10:30~17:30、假日 10:30~18:30 休 週二
網 NT$250（包含導覽、一項 DIY 體驗活動及 NT$50 商品抵用券）
交 從八里渡船頭老街步行約 20 分鐘，或乘的士約 4 分鐘

喜歡吃爆谷的朋友，應該有聽過台灣出產的卡滋爆米花吧？卡滋爆米花在八里開設了觀光工廠，是適合一家大小參觀的觀光景點，去八里的話可以順道去參觀。

▲卡滋爆米花觀光工廠是模仿美國戲院來設計，看外觀就感受到美國風格，裏面色彩繽紛，好像走進了電影《朱古力獎門人》Willy Wonka 的夢幻工廠一樣。

◀工廠內限定的特別口味，沒有公開販售。

工廠內設有展區，介紹爆谷相關歷史與知識，可以看到製作爆谷的機器和製作過程，還可以吃到沒有公開發售、只是工廠內限定的爆谷口味。

卡滋爆米花觀景工廠也有不少互動體驗，參觀者可以參加 DIY 活動，例如用小機器製作爆谷、做手鏈以及爆谷甜筒等等。

▲ 親手製作爆谷，機器還可以買回家。

▲ 體感互動電子遊戲。

▲ DIY 爆谷手鏈。

▲ 工廠裏面有專屬商店，販賣多種口味爆谷，從經典的鹽味、奶油味到創新的甜鹹搭配，應有盡有。

▲ 爆谷甜筒。

▶ 珍珠奶茶味爆谷，裏面有珍珠和奶茶兩種口味，小包之餘又富有台灣特色，很適合買來當手信。

2025 年 3 月 OPEN

最新日系大型商場

南港 LaLaport

址 台北市南港區經貿二路 131 號
時 週日至四 11:00~21:30、週五六 11:00~22:00
交 捷運**南港軟體園區站或南港展覽館站**，步行約 1~3 分鐘

南港 LaLaport 是日本三井集團在台灣開設的第二個 LaLaport 商場（另一個在台中），整體風格很有日系氣質，主打當季流行商品，提供各種零售、娛樂和餐飲選擇。從捷運南港軟體園區站或南港展覽館站步行幾分鐘就到，非常方便。

Harry Potter - Mahou Dokoro（1/F）

日本哈利波特官方周邊專賣店首家在海外常設店，有很多獨家周邊商品，粉絲可以在這裏體驗沉浸式購物體驗。

LaLaport 共有 7 層（B1-6/F），總面積達 15 萬平方米，空間非常寬敞，進駐了超過 300 個本地和國際品牌，也有不少來自日韓的服飾、生活雜貨、美妝品牌。全台首個 KidZania 兒童職業體驗樂園預計 2026 年上半年開幕，兒童可透過角色扮演學習社會運作模式，增強獨立能力與團隊合作精神。

LOPIA（B1/F）

日本知名超市，直送日本新鮮食材和商品，也提供即場製作的日式料理如鐵板燒和壽司等等。

Mark Gonzales（1/F）

人氣美國街頭服飾品牌 Mark Gonzales（1/F）也進駐 LaLaport。

Life8（3/F）

台灣本地服飾品牌，男女裝走中性路線，價格親民。

美食方面選擇非常多，當中有不少首度來台的餐廳，例如 La Ohana（日式夏威夷料理）、Sapporo Bone（北海道肉類扒餐）和韓美善（休閒韓式料理）等等。此外在 B1/F 和 5/F 也設有美食廣場，有幾十家餐飲選擇，其中以從嘉義首度來台北開分店的林聰明沙鍋魚頭最受注目，經常大排長龍。

Akachan Honpo（4/F）

日本連鎖嬰幼兒用品品牌，相信家長們都不會陌生。

2023 年 9 月 OPEN

裕隆城

適合親子或深度遊旅客

址 新北市新店區中興路 3 段 70 號
時 週日至四 11:00~21:30、週五六 11:00~22:00
交 捷運**大坪林站** 5 號出口，於「紅葉蛋糕」前轉乘裕隆城免費接駁車；或步行約 10 分鐘

▲商場有超過 80 間餐廳，遍佈 B1 樓 Food court 及各樓層，由中日韓星馬泰到西餐，以至甜品店、蛋糕店一應俱全。

新店裕隆城是新北市最大型商場，近 68 萬呎超寬敞空間，有 250 間品牌進駐，衣食住行娛樂親子活動包羅萬有，例如港人遊台必逛的美妝生活用品店寶雅、三文治專門店洪瑞珍等，也有不少親子玩樂設施。

◀ 1 樓廣場的大型吹氣藝術裝置「好奇咖咪 CA ME」是裕隆城的地標，由藝術家陳普創作，具好奇心的變色龍拿着放大鏡探索每個角落。

裕隆城地方大，平日人潮不多，能舒服地逛街。不過它跟台北市中心有點距離，由西門搭乘捷運約 40 分鐘，乘的士約 30 分鐘，附近是本地人生活社區，景點不多，個人認為裕隆城比較適合親子或想深度遊的旅客。

1 樓有扶手電梯直達 4 樓誠品書店，書店樓底挑高 30 米，天氣好的時候會有陽光灑落。

7 樓的原岩攀岩館 —— 新店店設有 10 米高的攀石牆，不單止成人可以玩，小朋友年滿 7 歲或身高達 110 厘米就能玩。未玩過攀石都不用擔心，可網上預約體驗課程，在教練指導下感受攀石樂趣，單人體驗 40 分鐘，二人或以上 60 分鐘，課程結束後可在場內自由攀爬一小時。

位於 5 樓的木育森林（p.226）和 6 樓的樂米樂園（p.222），設施新奇好玩，小朋友放電必去，詳細介紹請見本書的親子同樂特集。

7 樓的威秀影城除了一般影院，也有一間 IMAX，票價約為新台幣四百多，比香港便宜一點。

閃動格子（P.54）在裕隆城 7 樓也有分店，提供 64 Plus（牆面格子及地面格子）和 288 格（只有地面格子）挑戰。環境雖沒有旗艦店那麼大，但人在裕隆城不妨玩玩消磨時間。

同樣在 7 樓的湯姆熊歡樂世界，類似香港的美國冒險樂園，小朋友很難不愛吧！

2023年6月 OPEN

充滿藝術氣息的商場

NOKE 忠泰樂生活

址 台北市中山區樂群三路 200 號
時 週日至四 11:00~21:30、週五六 11:00~22:00
交 捷運**劍南路站** 3 號出口步行約 5 分鐘

NOKE 忠泰樂生活坐落於美麗華摩天輪旁邊，整個商場充滿藝術氣息，藝術品及裝置遍佈每個角落，亦有展覽空間不時推出跨界創新企劃。

◀ "NOKE" 源自其地理位置「基隆河以北」（North of Keelung River）的英文縮寫，同時代表商場結合了自然（Nature）、原創（Originality）、知識（Knowledge）和活力（Energy）。

▲ 一定要到蔦屋書店 3 樓與 4 樓之間的書牆打卡！

▲ 來自日本的「TSUTAYA BOOKSTORE 蔦屋書店」，有書籍、雜誌、生活選物和展覽，店內動線流暢不擁擠，個人覺得比誠品更好逛。

▶ 台灣首家蔦屋咖啡店 Wired Cafe，結合 Book & Cafe 理念。咖啡店供應早午餐、日式洋食、甜品等，可在蔦屋書店選取三本書帶進去，邊吃飯邊看書。

商場共有 7 層，匯集 95 間精選品牌，包括潮流服飾、輕奢選品、設計生活、多元美食及溜冰滑雪場地等。

▲咖啡店「勺日」樓底挑高兩層半，坐在落地玻璃窗前，坐擁對街摩天輪無敵景觀。

▲在商場內也可「滑雪」，專門提供滑雪訓練課程的 SSTC 雪訓基地，能模仿真雪的摩擦和彈性，讓學員練習滑雪和滑板的動作和平衡。想體驗滑雪課程，可下載 Snow Sensei App 預約。

▲溜冰場 Aurora Ice Rink 極光冰場位於 6 樓，符合國際比賽標準規格，面積甚大，可以盡情溜個飽。

▲3 樓 Uncanny 是一個開放的展覽空間，會定期更換展覽。這次是「2073 ☆ 超異次元戰鬥！神秘病毒的襲來」，可免費欣賞 10 位台、港、日藝術家的作品。展覽空間就在商店旁邊，前一秒還在逛街，下一秒已經在看展覽，十分有趣。

▲4 樓的迪士尼雜貨專賣店 Zakka House，搜羅來自日本和歐美的迪士尼生活精品，每樣都可愛精美，只是看看也很開心。

▶商場大門前的藝術品「Bearlike Construction 像熊一樣的雕塑」，是出自韓國藝術家 Gimhongsok 之手。看起來像是用膠袋堆疊而成，裏面其實是青銅雕塑，藉此挑戰觀者思考事實與虛構的界限。

寧夏夜市

被台灣人評為「無雷」的夜市

址 台北市大同區寧夏路 58 號
時 17:00~23:30
交 1. 捷運**中山站** 1 號出口步行約 10 分鐘
2. 捷運**雙連站** 1 號出口步行約 8 分鐘

寧夏夜市是被台灣人評為「無雷」的夜市，因為所有小吃都「好吃冇伏」，我們去過好多次，也真的沒有「中過伏」。夜市全長只有 300 米左右，小吃檔攤十分集中，方便「搵食」。它就在大稻埕及迪化街附近，可以安排在同一日的行程。

▼每天一開店就排長龍，不想排隊的話可以買外帶，按店員給你的紙上寫的時間回來取餐就可以。

圓環邊蚵仔煎

我們認為台北最好吃的蚵仔煎，多次獲得**米芝連必比登推薦**。蚵仔量多又肥美、蛋味濃郁、青菜爽脆，淋上特製醬汁超級好吃，即使不加醬都很好吃，建議大家先吃一半，之後再加醬。

劉芋仔蛋黃芋餅

夜市名物炸芋泥球，分**無蛋黃**和**有蛋黃**兩種。無蛋黃是單純炸芋泥球，芋頭味比較明顯；有蛋黃裏面有肉鬆和鹹蛋黃，多了一重鹹香味。哪個比較好吃？答案是都好吃，不用苦惱，兩個都買就對了！

豬肝榮仔

必比登推薦，招牌是**豬肝湯**和**香葱芋頭糕**。豬肝湯的豬肝十分鮮甜爽脆，喜歡吃內臟必點。此外台灣形狀的芋頭糕很特別，在「北部」和「南部」加了不同醬汁，一件糕兩種口味。

詹記水果

台南美食**薑汁沾醬番茄**在台北並不常見，這裏卻有供應。將新鮮番茄沾上薑汁甘草醬油膏來吃，是台南獨特吃法，推薦大家試試，真是想像不到的搭。

料理長胡椒蝦

新鮮游水泰國大頭蝦，有十幾種口味可以選擇，現點現煮。每盆大約有 10 隻蝦，每隻蝦頭都有飽滿蝦膏，蝦肉爽口彈牙。旁邊有洗手盆可以洗手，方便吃完清理。

柴進來雞蛋糕

無添加化學物的雞蛋糕，有很多口味可以選擇，我們最愛奶皇流沙和黑糖麻糬。

臨江街觀光夜市

超多必比登推薦的夜市

址 台北市大安區臨江街
時 18:00~ 凌晨
交 捷運**信義安和站** 3 號出口步行約 5 分鐘

臨江街觀光夜市又稱「通化街夜市」，鄰近台北 101 和信義區商圈，從捷運信義安和站走 5 分鐘就到。這個夜市十分受觀光客歡迎，有不少必比登推薦小食，就連大型晶片製造商輝達創辦人黃仁勳都愛來這裏吃。除了小食攤，街道兩旁有不少服飾店，可以邊吃邊買。

雅口天香臭豆腐（必比登推薦）

來台灣怎能不吃臭豆腐？這家雅口天香臭豆腐曾獲必比登推薦，它的酥炸臭豆腐外皮超脆，裏面的豆腐卻吸滿湯汁，每咬一口都會噴汁，配搭酸菜和芫荽超好吃。

格登炸雞（必比登推薦）

格登是台灣連鎖炸雞店，但只有這家得到必比登推薦。用新鮮雞肉現炸，吃起來皮脆肉嫩，每咬一口都有肉汁流出來，調味恰到好處，不會過鹹，是我們在台灣吃過最好吃的炸雞之一。有雞翼、雞扒、腿扒、小小腿、棒棒腿和鹹酥雞可以選擇，價錢親民，私心推薦雞翼和腿扒。

御品元冰火湯圓（必比登推薦）

▼ 記得跟着老闆寫的方法吃才會最好吃啊！

將剛煮熟的熱湯圓放在刨冰上，加上桂花和酒釀，就是這家店的招牌冰火湯圓了。湯圓口感特別，不是一般的軟滑口感，反而是粗糙有顆粒感的。

▲ 吃完湯圓可以自己加檸檬汁和桂花蜜，變成檸檬桂花冰，又熱又凍很過癮。

傳奇地瓜球

臨江街夜市最強地瓜球，人氣不輸必比登推薦名店，假日常常大排長龍。

◀ 檔攤沒有確切位置，也沒有招牌，不細心留意可能會錯過啊！

▲ 傳奇套餐有地瓜球、芝麻球及芋頭球，三種都真材實料，地瓜球 Q 彈、芝麻球香脆、芋頭球紮實。我們最喜歡芋頭球，芋頭味超濃。

紅花麻辣鹽水雞

從小吃攤做到入店的人氣鹽水雞，長期需要排隊。雞肉都已經去骨，吃起來很方便。食材放在乾淨明亮的玻璃櫃內，乾淨企理。可以自選鹹度、辣度，還加上葱花、酸菜、芫荽、蒜泥等等，味道層次豐富，清爽不油膩。

士林夜市

台北最知名夜市，集食玩買於一身

址 台北市士林區基河路 101 號
時 16:00~ 凌晨
交 捷運劍潭站 1 號出口步行約 5 分鐘

如果你只夠時間去一個夜市，或者從未去過台灣夜市，首選一定是士林夜市。因為士林夜市交通方便，就在捷運劍潭站旁邊，而且是台北最大規模夜市，街頭小吃種類最多，攤位遊戲最多，還有餐廳和商店（服飾、生活精品、手信等等），食玩買集於一身。

燒烤杏鮑菇

這家檔攤長期都大排長龍，將杏鮑菇抹上特調醬汁，再用碳火烤到焦香，切塊再灑上兩種自選調味粉，杏鮑菇吃起來爽脆爆汁！有 9 種口味可以選，私心推薦檸檬和海苔味。

冬日夏檸

燒烤杏鮑菇旁邊的冬日夏檸是我們每次去士林夜士都必買的飲料，它的冬瓜檸檬用鮮檸檬搗碎，加上古早味冬瓜茶，清爽解渴，不會太甜，推薦一試。

海友十全排骨

士林老牌藥燉排骨湯，55 年老店，很多名人都來吃過。湯底有濃濃的中藥味，排骨燉到好軟嫩，配搭麵線很好吃，喜歡藥膳的朋友不要錯過。

家鄉碳烤雞排

人氣排隊名店，未營業就開始排隊，雞扒先炸後碳烤，再抹上烤肉醬調味。雞扒脆而多汁，醬汁偏甜，趁熱吃很好吃。

王記青草茶（50 年老店）

香港涼茶喝得多，有沒有喝過台灣涼茶？青草茶就是台灣人喝的「涼茶」，不像香港涼茶般苦澀，有一點點草本和薄荷味，在夜市吃完煎炸油膩小吃，不妨點杯青草茶清清熱。

就燒蛤

台灣的蛤蜊鮮甜多汁，味道比蜆和花甲濃郁豐富，每次介紹給來台旅遊的港人，個個都讚不絕口，要一吃再吃，強力推薦唷！

攤位遊戲

攤位遊戲種類很多，有射槍、擲飛鏢、擲棒球、甩麻將等等。店家都很友善，會從旁指導怎樣玩，我們只花了 NT$100 擲飛鏢就贏到獎品了。

延三夜市

傳統老店林立，本地人都來這裏

址 台北市大同區延平北路三段
時 18:00~ 凌晨
休 因店而異
交 捷運**大橋頭站** 1 號出口

延三夜市在大稻埕附近，就在捷運大橋頭站出口。它跟一般小吃攤夜市不同，是個有店面可以坐下來吃的夜市，店舖坐落在馬路兩旁，都是幾十年老店，其中有不少是必比登名店，本地人都來這裏「搵食」。

施家鮮肉湯圓（必比登推薦）

▲ 一碗有 4 大粒湯圓，超值。

必比登推薦的 60 年老店，長期座無虛席，招牌是鮮肉湯圓，來延三夜市的話幾乎必吃。湯圓皮用過冬米製成，特別煙韌爽口，包着黑豬肉餡，裏面充滿肉汁。湯底用韭菜和柴魚熬成，味道清淡，用來搭配肉味濃郁的湯圓剛剛好。

灶頂原汁排骨湯（必比登推薦）

從街口看到掛着「原汁排骨湯」和「高麗菜飯」兩個紅燈籠，就知道是必比登推薦的灶頂原汁排骨湯了。顧名思義，招牌就是原汁排骨湯和高麗菜飯，主要走清淡路線。

▼原汁排骨湯用豬肋骨和菜頭長時間熬煮，沒有加味精，單純喝到豬骨與蔬菜味，有點像清淡版的茶餐廳例湯。每碗都有一大塊豬肋骨和白蘿蔔，排骨煮到好脸，蘸豉油吃一流。

▶高麗菜飯是用高麗菜高湯燜煮的白飯，米飯吸滿湯汁，有淡淡的高麗菜甜味，口感濕潤。

▲坐在路邊吃別有一番風味，有點日本屋台的感覺。

新營豆花

看起來是一般豆花冰品店，但原來是明星愛店，連周杰倫、汪東城、五月天都來吃過，整道牆都是明星簽名。

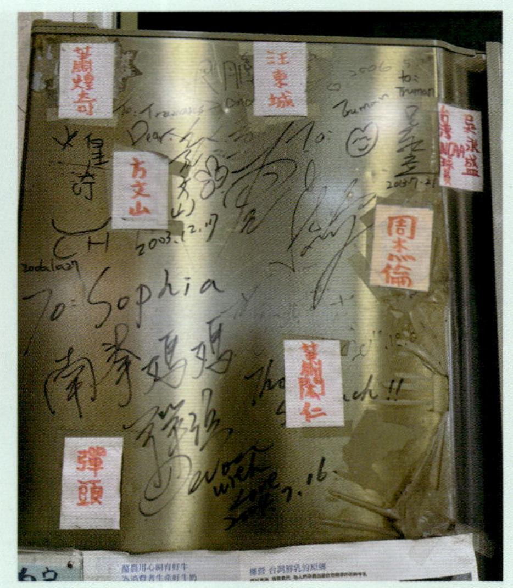

▲超過二十種配料選擇，如芋圓、粉粿、紅豆、珍珠等等。

▲黑白花，就是仙草凍＋豆花。

▲檸檬冰豆花，檸檬味和豆花原來超搭，吃起來很清爽，推薦！

▲豆花口感綿滑，豆味濃郁，後勁帶有焦香味，比一般豆花多一種層次感。

魏祥記純糖麻糬

50 年老店，招牌是燒麻糬，做法很特別，將麻糬放進糖水煮到「漲卜卜」，然後沾上花生粉和黑芝麻粉。口感煙韌但一點都不黏牙，十分好吃。

林家鯊魚煙

鯊魚煙是台灣特色小吃，即是**煙燻鯊魚肉**，這間的鯊魚煙處理得很好，一點阿摩尼亞味都沒有，難怪經營 60 年屹立不倒。想試吃鯊魚煙又怕有味道的朋友可以一試。

▲ 推薦綜合鯊魚煙，可以品嚐多個部位，每個部位都有不同口感和味道。

板橋湳雅夜市

板橋人的夜市，
食物種類豐富

址 新北市板橋區南雅東路 87 號
時 17:00~ 凌晨
交 捷運**府中站** 1 號出口步行約 10 分鐘

湳雅夜市可能不夠其他夜市知名，主要是本地人去的地道夜市。面積不大，也沒有太多購物商店，但小吃種類不少。如果是住在板橋附近，想就近逛逛夜市，可以考慮來這裏，從捷運府中站走幾分鐘就到。

源慶鮮蚵

專賣鮮蚵和小卷的店，可以單點，也可以搭配米粉、冬粉（粉絲）或麵線來吃。店內光猛乾淨有冷氣，可以坐下來慢慢吃。

▲乾拌蚵分量很多，蚵仔新鮮飽滿，搭配薑絲和酸菜更好吃。

▼涼圓有多種口味，像士多啤梨、蜜瓜、紅豆等等，色彩繽紛好可愛。

QQ 涼圓

涼圓是台灣傳統甜點，有點像香港的水晶包，但體積小很多而且是冷吃的，一口一粒，口感 Q 彈又清涼。

▶涼圓現在已不常見，所以我們每次看到都會買，遇到的話不妨一試。

王記好吃麻油雞

夜市排隊名店，有人說是板橋第一麻油雞，經過已經聞到很香的麻油味，建議點雞腿再配麵線吃，冬天吃完全身「暖笠笠」。

胖老闆高雄旗魚黑輪

「黑輪」是「甜不辣」的中南部叫法，其實就是**炸魚漿**。這間「胖老闆高雄旗魚黑輪」用旗魚打成魚漿，再包着水煮蛋油炸而成。黑輪爽口彈牙，中間有濃郁的蛋香味，NT$20 一支超抵吃。

眼鏡仔豬血湯

50 年老店，在湳雅夜市有兩家店，分別是創始店和旗艦店，24 小時營業。招牌當然是豬血湯，豬血爽口嫩滑，沒有血腥味，喜歡吃豬血的朋友不要錯過。

台灣的手搖飲品店品牌超多，開到成行成市，一條街可以有十幾間，甚至比便利店還多。飲品款式多得誇張，珍珠奶茶、芝士奶蓋、黑糖牛奶、冬瓜檸檬、抹茶歐蕾、水果冰茶……即使每天喝一款，可以喝幾年都不重複。

在芸芸手搖飲品中，哪些比較好喝？這篇會為大家介紹近年最紅的手搖飲品店和它們的招牌飲品。

溫馨提示

買飲品時店員一定會問「甜度冰塊」，意思是問想要甚麼甜度和冰量。怕甜的話切記不要說「少糖」，「少糖」= 七八分糖，超級甜的！建議可以點「半糖（五分糖）」或「微糖（兩三分糖）」。每間店對甜度冰塊的用字都不同，記得要看清楚啊！而且有些飲品是固定甜度和冰塊，不能調整的。

得正

專心鑽研烏龍茶的飲品店

網 https://dejeng.com/

得正是從台中開始爆紅的手搖飲品店，走文青簡約風格，是 2024 年在台北擴展得最快的手搖店之一，人氣很高，每次去都要排隊。

得正**主打烏龍茶**，提供三種不同烘焙程度的烏龍，分別是春烏龍、輕烏龍和焙烏龍，茶味濃度由淡到濃。春烏龍最易入口，焙烏龍最醇厚，輕烏龍介乎兩者之間，茶味清香突出。飲品都可額外加珍珠、黃金珍珠或焙烏龍茶凍，推薦焙烏龍茶凍，口感 Q 彈，茶味香濃。

店長推薦

芝士奶蓋春烏龍（左）

得正的人氣奶蓋系列，奶蓋奶味濃郁帶鹹香，跟偏淡的春烏龍十分搭，入口先感受到濃郁奶蓋鹹味，隨後被清新的春烏龍化解了，是濃 + 淡的組合。

焙烏龍奶茶（右）

適合喜歡濃味的朋友，焙烏龍加奶精調製成奶茶，茶味奶味濃郁醇厚，喝起來有「厚度」。不喜歡奶精也以選焙烏龍鮮奶，但口感比較稀，茶味也會被沖淡。推薦加焙烏龍茶凍增加口感。

甘蔗春烏龍（無糖去冰）

甘蔗汁 + 春烏龍這個組合很清爽，先感受到甘蔗的甜味，清淡的茶味隨後回韻，很適合口渴或飯後飲用。

士多貓推薦

得正甜度冰塊

冰量	正常冰、少冰、微冰、去冰、常溫、溫、熱
糖量	正常甜度、半糖、微糖、微微糖、無糖
加料	珍珠、黃金珍珠、焙烏龍茶凍

一沐日

賣斷市的草仔粿奶茶

網 www.aniceholiday.com.tw

一沐日原本是台中的手搖飲品店，近年才在台北開分店，它**將台灣的草仔粿和黑糖粉粿入茶**因而爆紅。剛推出草仔粿奶茶的時候，風靡飲品界，每天都賣斷市，最後要限購數量和公佈草仔粿出爐時間才能滿足客人需求，直到今日生意仍然火旺。

▼ 草仔粿是加入鼠麴草搓成的綠色糯米糰，有點像雞屎藤或茶果。

▲ 粉粿是用地瓜粉蒸煮而成的透明糕狀物，口感軟滑有彈性，台灣很多甜品都會加入粉粿。

小知識

台灣人習慣用台語講「草仔粿」和「粉粿」，不會用國語照字讀出。「草仔粿」台語的廣東話諧音是「抄丫龜」、「粉粿」是「分龜」。

逯丸奶茶

逯丸奶茶就是草仔粿奶茶，每一口都能吃到有草本味的草仔粿，口感有點像小湯丸。茶底原本選用味道清香的竹香奶茶，評價甚好，但最近換成糯香奶茶，反應褒貶不一。

*「逯丸」是台語「台灣」的諧音。

粉粿桂花檸檬（固定冰量糖量）

用檸檬原汁和桂花釀，再加入黑糖粉粿製成。入口先喝到檸檬酸味，然後慢慢滲出桂花清香，加上咀嚼粉粿時的甜味，三者相輔相成，平衡得很好。粉粿輕易就能吸上來，口感軟滑。

油切蕎麥茶（無糖）+ 粉粿

一沐日的蕎麥茶蕎麥味很突出，無糖已經很好喝，加了粉粿，既能喝到茶的清澈，又提供了一點甜味和滿足口感，好喝！

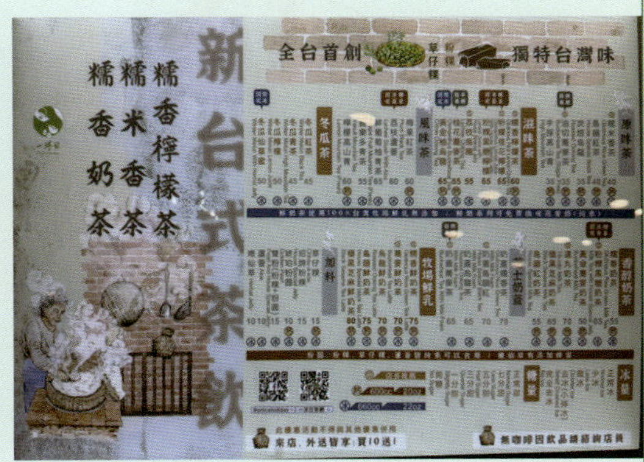

▲ 一沐日餐牌。

一沐日甜度冰塊

冰量	正常冰、少冰、微冰、去冰（少碎冰）、完全去冰
糖量	正常甜、七分甜、五分甜、三分甜、一分甜、無糖
加料	草仔粿、粉粿、琥珀粉圓、蘆薈、嫩仙草

大茗

牛油果奶蓋紅茶？

網 www.damingtea.com.tw

▲大茗店面很易認，用了搶眼的橙色和牛油果做 Logo。

太有創意了，竟然想到**用牛油果做奶蓋**！大茗憑着獨創的酪梨（牛油果）奶蓋而爆紅，在競爭激烈的台灣手搖飲品店中闖出名堂。

大茗甜度冰塊

冰量	正常、少冰、微冰、去冰、完全去冰
糖量	正常、少糖、半糖、微糖、一分糖、無糖
加料	波霸珍珠、酪梨奶蓋、嫩仙草

店長推薦

蘋果玉露青

No.1 人氣打卡飲品，紙杯上的枯樹被陽光照射後，會變成一棵開滿粉紅色蘋果的蘋果樹，超級夢幻。蘋果 + 青茶這個組合，味道一定「冇得輸」。

▼季節限定飲品柳橙翡翠青。

酪梨奶蓋紅玉

絕對是大茗人氣最高的飲品，以香醇的紅玉紅茶做茶底，上面加一層厚厚的牛油果奶蓋。推薦直接用杯喝，不要用飲管，這樣才能喝到奶蓋的口感，奶泡打得很綿滑，而且有牛油果香味，鹹甜交織很有層次感。

店長推薦

店長推薦

烤糖蕎麥凍奶青

先將玉露青茶加奶精做成奶青，然後加入蕎麥凍。奶青的奶味很濃郁，蕎麥凍帶有輕味苦味和焦糖味，剛好中和了強烈的奶精味，是個巧妙的平衡。

龜記

水果茶王者

網 https://guiji-group.com/

▲ 龜記的標記很易認，就簡單一個紅色「龟」字。

喜歡水果系茶飲的話，必定要認識龜記。龜記就是台語「果子」的國語諧音，他們的**水果茶特別好喝**。龜記以新鮮、天然、健康為理念，嚴選台灣水果和茶葉，調配出各種果茶，十分受歡迎，到處都有分店。

除了果茶，龜記比較特別的是冬日暖飲，例如薑汁奶茶、薑汁桂圓、桂圓紅棗茶等等。

店長推薦

蘋果紅萱（左）

用三韻紅萱做茶底，加入新鮮蘋果原汁調配成的果茶，茶香和果香非常搭，喝起來很清新，蘋果香味會在口中回韻，推薦加椰果增加口感。

紅烏鮮乳（右）

用小農鮮乳坊的鮮乳加入台灣白毫烏龍茶，茶味濃郁而帶果香。個人覺得龜記鮮乳茶的茶味比奶味突出，適合想喝奶茶但不喜歡奶味過重的人。

士多貓推薦

▲ 蜜桃烏龍（季節限定）。

紅柚翡翠

絕對是最高人氣飲品，綠茶底加入新鮮葡萄柚，每啖都喝到果肉，清新解渴。我們喜歡一分糖去冰，能夠清楚地感受到茶味和水果味，不會被甜味蓋過。

龜記甜度冰塊

冰塊	正常、少冰、微冰、去冰
甜度	正常、八分糖、半糖、三分糖、一分糖、無糖
加料	珍珠、蘆薈、椰果

鶴茶樓

芝麻糊都可以加到奶茶中？

網 https://hechaloutea.com.tw/

▲鶴茶樓還有另一個意思，就是「喝茶嘍」的諧音。裝修走復古風，門面用深色木設計，有點像藥材店，十分典雅。

鶴茶樓的「鶴」是取自於鶴頂紅，所以這間店的**主打就是紅茶**。它的紅茶來自世界各地（印度、斯里蘭卡、肯亞、烏瓦、錫蘭等等），再調配成自家風味，如熟果香味、焦糖煙燻味、柑橘清香等等。

鶴茶樓甜度冰塊

冰量	正常冰、少冰、微冰、去冰、常溫、溫熱
糖量	正常、少糖、半糖、微糖、一分糖、無糖
加料	蜂蜜珍珠、蘆薈、胚芽、鶴頂紅茶凍、桂香烏龍凍、杏仁凍、芝麻糊凍

店長推薦

桂香烏龍凍綺夢那堤（左）

那堤 = 拿鐵 =Latte，桂香烏龍凍綺夢那堤是有着煙燻焦糖與龍眼香氣的鮮奶紅茶，加上桂香味濃厚的桂香烏龍凍，味道相對清淡。

鶴記鴛鴦凍奶茶（右）

奶茶用上鶴頂紅茶底，茶味醇厚，再加入味道極濃的芝麻糊凍和杏仁凍，濃上加濃，重口味人士必選。

▲除了紅茶，鶴茶樓最具特色的就是配料芝麻糊凍，將港式芝麻糊做成果凍入茶，芝麻糊凍不像一般果凍順滑，故意做得粗糙帶顆粒感，芝麻糊味超濃，跟奶茶十分之搭。

北投紅茶

大杯抵喝的古早味

北投紅茶沒有花巧的飲料，只有最普通的古早味紅茶、綠茶、烏龍茶、仙草茶、冬瓜茶和奶茶，價錢十分相宜，最便宜的只要 NT$20。

▲ 看見店面掛着很多米色的傳統燈籠，就知道是北投紅茶了。店名雖然有「北投」二字，但店家不在北投，很多地區都有分店。

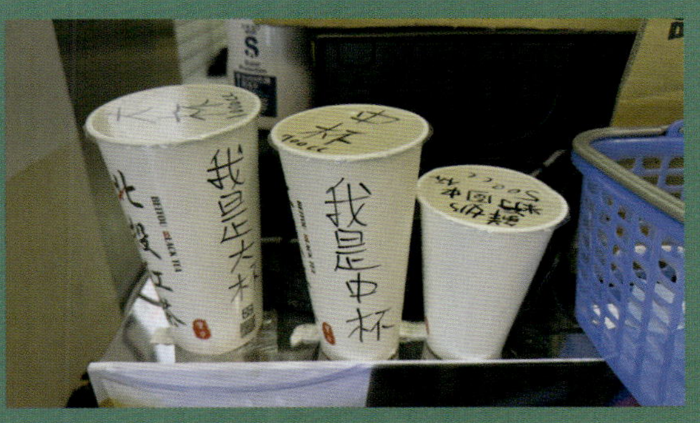

▲ 老實說，北投紅茶的味道並不特別出色，但勝在「大杯夾抵飲」，價錢比樽裝水還要便宜。中杯有 700c.c，等於一般手搖店的大杯；大杯則是 1000c.c。

▲ 我們喜歡喝它的仙草茶，特別是吃完炸物之後，可以清熱降火。

▲ 茶都盛在鐵桶裏，店員會用量杯把茶倒進杯中，十分懷舊。

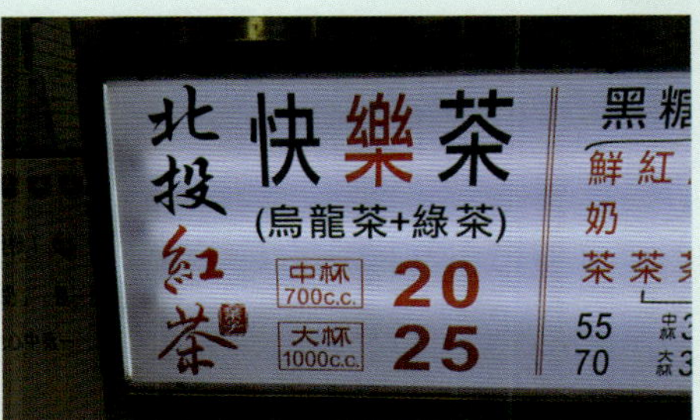

▲ 快樂茶 = 烏龍 + 綠茶，大杯只要 NT$25，買一杯就夠喝一整天。

北投紅茶甜度冰塊

甜度	全糖、半糖、微糖、無糖
冰塊	全冰、少冰、微冰、去冰
加料	粉圓、仙草凍

2024年10月OPEN

全日不限時 Playhouse

樂米樂園

址 新北市新店區中興路三段70號6樓（新店裕隆城內）
時 週一至五 11:00~20:30、週六日 11:00~21:00
費 兒童 NT$799、成人 NT$150（非會員價錢）
交 捷運**大坪林站**5號出口，在「紅葉蛋糕」前轉乘裕隆城免費接駁車，或步行約10分鐘

室內遊樂場絕對是一家大小都喜歡的玩樂設施，小朋友玩得開心，大人可以邊享受冷氣邊陪玩。樂米樂園（新店裕隆城分店）佔地16,000呎，波波池、沙池、彈床、仿真度極高的超市和廚房區等一應俱全，而且一個價錢全日不限時任玩！

▲小朋友一定會愛上這個「百萬球池」，空間寬敞不用人迫人。波波池內有多個遊玩設施，像流光滑梯、透明旋轉滑梯、繩網、吊橋、障礙關卡、波波發射器等，肯定樂而忘返！

▲「工程基地」內有一座火車軌道，有多架 TOMICA 模型車和模型火車讓小朋友自由玩。

▲場內有多架小型車任駕任玩。

▲ 喜歡動態活動的不要錯過「競技館大蹦床運動館」，大面積的彈床不只鋪在地上，甚至延伸到牆壁，形成傾斜的彈床，讓小朋友跳個夠。嫌跳彈床略為單調？這裏還結合籃球架，讓高手們邊跳邊投籃！

▲ 在「恐龍考古沙池」，小朋友可以一嘗當考古學家的滋味。整個區域鋪上無毒塑粒沙，沙池下隱藏着恐龍化石，拿起鏟子小心撥開沙粒，便能看到化石全貌！塑粒沙無粉塵、不黏身，輕輕拍一拍就能掃除。

▲ 樂米樂園採用大量原木設計，寬敞明亮，入口處設有特大的家長休息區，並有插頭方便充電。

▼ 像真度極高的「皇家超市」，商品琳瑯滿目，要拿一架手推車才放得完！掃貨後別忘了到收銀機結賬，將玩具商品放在上面真的會發出「嗶嗶」聲，很適合爸媽和小朋友玩角色扮演遊戲。

▲「皇家超市」旁邊就是廚房區域，穿起圍裙、戴上廚師帽，一起來煮飯吧！流理台採用感應式設計，將玩具食材置於其上，熒幕會顯示關於食材的小知識和料理方式。將廚具放在爐頭上，爐頭會亮起來，很有開爐煮飯的感覺。

▲ 園內有間販售輕食的餐廳，玩到餓了也有地方充肌。

2024年6月 EXPAND

無論幾歲都玩得盡興

新生公園「地球旅行」遊戲場

址 台北市中山區新生北路三段105號
時 24小時　費 免費
交 捷運**圓山站**1號出口步行約20分鐘，或轉乘公車685、紅34、市民小巴M9、紅50，於新生公園站下車

新生公園鄰近松山機場，在公園不時看到飛機低空飛過，所以遊樂場以「地球旅行」為題。如果小朋友年紀稍長，來到這個遊樂場必定能玩個痛快，這裏有超多刺激又挑戰性十足的設施，例如繩網陣、吊橋、兩層高滑梯、石滑梯等…… 年紀較小的都不用擔心，沙池、氹氹轉、彈網應有盡有，無論幾歲都能盡興地玩！

▲塔台遊戲區的滑梯樓高兩層，要玩這條滑梯可不簡單，先爬過繩網陣再走過吊橋，才能到達滑梯入口。

▲石滑梯速度很快，玩一次意猶未盡，要多滑幾次才滿足！

▲對小朋友來說，這條兩層高的金屬滑梯可是十分刺激。

▲遊戲丘區有各式攀爬網，難度較低，適合年紀較小的小朋友。

▲遊戲場內有沙池和挖沙機，不妨帶備挖沙工具來玩。旁邊設有沖洗區，十分方便。

▲光是氹氹轉就有三、四款，像這個坐進去的氹氹轉，即使只有一個人一樣轉得開心！

▲遊戲場旁邊還有一座專為 12 歲以上大孩子而設的「森林休憩攀爬設施」，全程需要手腳並用，十分有挑戰性！設有爬網、攀登木條、吊網橋等，各個平台之間高高低低，穿梭其中充滿驚喜。

◀鋪在地上的彈床，玩起來更安心。

2023 年 9 月 OPEN

木育森林

全木製遊樂設施

址 新北市新店區中興路三段 70 號 5 樓（新店裕隆城內）
時 週五六 11:00~22:00、週日至四 11:00~21:30
費 NT$450 / 人　註 整點入場，每次限時 2 小時
交 捷運**大坪林站** 5 號出口，在「紅葉蛋糕」前轉乘裕隆城免費接駁車，或步行約 10 分鐘

走進木育森林，真有一種置身大自然的感覺，明明在商場裏面，卻被木頭和綠意包圍。木育森林有多達 50 種遊樂設施，全部由木材製成，有刺激的、有益智的、有科學的、有競技的……在這裏，小朋友笑得開懷，大朋友覺得療癒，彷彿回到童年最純粹的玩樂時光。

▲木育森林大小同價，限時兩小時，包一節 DIY 工作坊，參加者可以用自然素材製成小擺設或吊飾。

▲設施使用的木頭有八成來自台灣的再造林，讓人感受到滿滿的自然氣息，同時為閒置的台灣杉木創造新價值。

▼一進來就會看見兩層高的吊橋「雲朵橋」，本以為「小兒科」，走到中段才發現比想像中搖晃。

▲沿着「碗豆梯」向上爬，目標是敲響頂端的鐘。

▲人氣設施「空中飛人」，爬一層樓梯坐上鞦韆，沿着天花板的滑索飛出去吧！

▲另一人氣設施「五人盪鞦韆」，坐在木頭鞦韆上，在半空中盪來盪去。

▶位於入口的商店區，販售各式木製商品，例如音樂盒、小擺設、盆栽等。

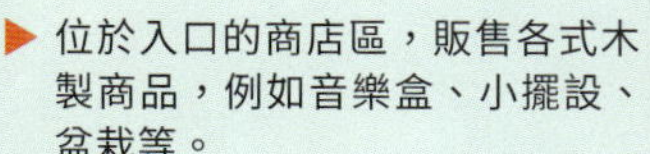

▼將木球放入軌道，看着它越過重重關卡慢慢抵達終點，十分治癒。整個設計十分有心思，有的需要踩腳踏發射木球，有的要控制機關將木球送上軌道。

▲射擊遊戲很好玩，把木球投進籃框裏，或是將波波射進青蛙口中，很考驗眼力！

臺北市立天文科學教育館「宇宙探險」

坐太空艙航向星際

址 台北市士林區基河路 363 號
時 週日及週二至五 09:30~16:00 休 週一（如遇假日則維持開放）
費 普通票 NT$70、優待票 NT$35（不包括其他展區）
交 **捷運劍潭站、士林站或芝山站**步行約 20 分鐘；或轉乘公車紅 12、紅 30（經捷運士林站）、41、紅 30（經捷運劍潭站），於天文科學館站下車

雖然臺北市立天文科學教育館的「宇宙探險」啟用近十年，但不少家長仍愛帶小朋友去玩，坐上宇宙探險車展開一趟充滿驚喜的「太陽系之旅」。旅程中會經過多個行星、偶遇外星人，還會被吸進黑洞深淵。旅程結束後，來到「太空城市」玩互動設施，以遊戲方式學習天文知識。

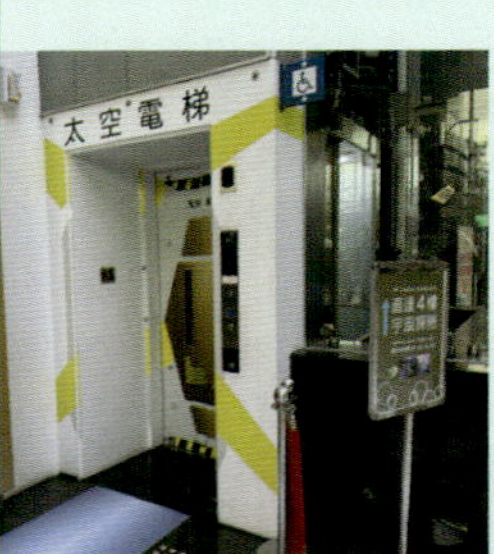

◀「宇宙探險」在天文科學教育館的 4 樓，地面大堂有專屬電梯直達。

▲購票地方有兩個：4 樓售票機和地面售票處。要留意「宇宙探險」的門票不包括其他展館，需要另行購買。

▲「宇宙探險」旅程長約 12 分鐘，坐上密封的太空艙航向星際。

▼ 途中還會遇到外星人！

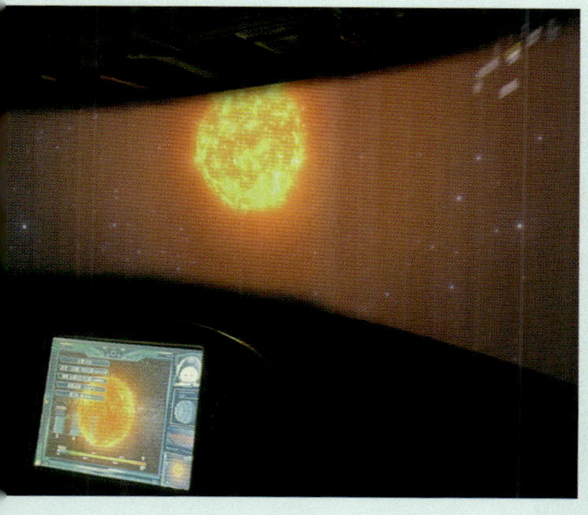

▲ 沿途有語音導覽介紹經過的地方，太空艙內的熒光幕亦會顯示相關的天文知識。

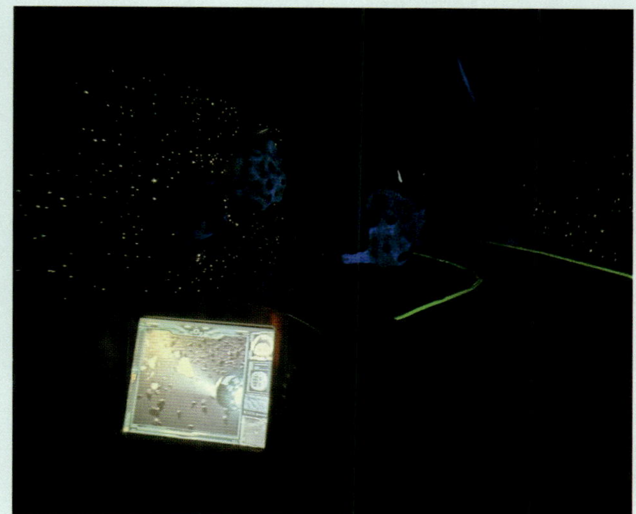

▲ 穿越隕石帶的時候太空艙會十分搖晃，以及不停旋轉！

▲ 結束「宇宙探險」旅程後來到「太空城市」，這裏有多個太空主題互動遊戲，像是操控搖捍進行太空對接、射擊來襲的隕石、建造太空站等等。

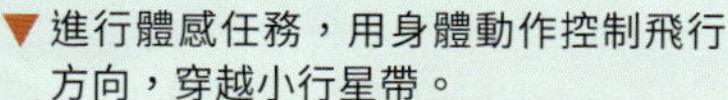

▼ 進行體感任務，用身體動作控制飛行方向，穿越小行星帶。

▲ 遙控太空探測車，找尋及採集樣本。

2023 年 5 月 OPEN

韓式創意蔬食料理

YACHE 韓式蔬食

址 台北市中山區松江路 128 號
時 週一至五 11:30~16:30、17:30~21:30，週六日 11:00~16:30、17:30~21:30
交 捷運**松江南京站** 8 號出口

▲ YACHE 取自蔬菜的韓文야채，Logo 是一棵白菜。內部設計以溫暖的木質元素為主，呈現傳統韓屋風格。

相信很多人聽過專門做蔬食飲茶的養心茶樓，每次去都會遇到香港人，但與養心茶樓同一集團的 YACHE 則比較少遊客知道。YACHE 是一間創新韓式蔬食餐廳，主打以韓國風味處理蔬食食材，包括用韓國正宗醬料，及韓國手工醃漬小菜。

▲ 入座即奉上五碟韓式小菜，無限續添，跟韓式餐廳一樣。

▲ 我們點了起司蛋卷、煎餅、炸雞、炒年糕、炸醬麵、飯卷、冬粉和部隊鍋，連同飲品，價錢大概 NT$3,000 多，已經吃得非常飽。

一般韓式餐廳供應的菜式，在YACHE大部分都點得到，例如雪濃湯、豆腐鍋、泡菜辣炒豬肉、炸雞、煎餅、炸醬麵、炒年糕等等，只是變成了蔬食版本，餐牌會標明菜式是蛋奶素、五辛素或全素，也會寫明是否可以去五辛（即走葱蒜），對素食者十分友善。店家也有供應各種韓國燒酒和啤酒。

GIMBAP（NT$288）

有辣炒魚板和醬煮牛蒡兩種口味。

火焰起司蛋捲（NT$288）

蛋味濃郁，吃的時候會拉絲。

辣 KIMCHI 煎餅（去五辛）（NT$288）

煎得非常香脆，泡菜味道濃郁。

半半炸 G（NT$288）

外觀很像真的炸雞，還附上炸雞必配醃蘿蔔。口感酥脆，味道跟韓式炸雞一樣。

明洞炸醬麵（NT$300）

辣 KIMCHI 起司部隊鍋（去五辛）（NT$490）

裏面有年糕、芽菜、菇類、素肉、即食麵等等。除了部隊鍋，還有雪濃豆腐鍋和大醬豆腐鍋等等。

小貼士

我們平日晚上去，全場滿座，過了用餐時間 90 分鐘就要還枱，因為還有下一輪已訂座的客人，所以建議一定要先訂位（可透過 inline app），不要 Walk-in。

Ice Gyaru 霜淇淋專門店

純素雪糕和沖繩飯糰

址 台北市大安區和平東路一段 10-1 號
時 11:00~21:00
交 捷運**古亭站** 5 號出口步行約 4 分鐘

在捷運古亭站附近有一間銀灰色的店舖，店門貼了一句可愛標語：「我們不只純情，還純素。」這是全台灣首間燕麥奶雪糕專賣店 Ice Gyaru，除了雪糕還供應全素沖繩飯糰和各式飲品，為素食者提供清爽的輕食選擇。開業以來吸引了無數素食者及非素食者特地前來，甚至有人吃完才發現是素食！

◀ 店名 Gyaru 是日文「辣妹」的意思，應該就是店前燈箱上的兩個辣妹吧！

▲ 店面不大，只有三張小桌子，幸好吃個飯糰和雪糕不用多少時間，等等很快有位。

▼ 炸魚柳配塔塔醬沖繩飯糰（NT$120，含五辛），炸魚柳雖是素食，但口感頗像真，與酸甜開胃的塔塔醬（即他他醬）十分搭。

▲ 經典原味沖繩飯糰（NT$80），紫菜飯糰包着素午餐肉和素玉子燒，素玉子其實是厚厚的腐皮，嫩滑細緻很好吃，米飯粒粒分明不黏糯，即使非素食者也覺得好吃。

▲ 純素雪糕以燕麥奶為基底，每兩星期更換一次味道，每次兩款，之前曾供應咖啡類、水果類、茶類、堅果類口味。

▲ 今次我們選了綜合（NT$100），有葵製焙茶和太妃糖榛果，可選甜筒裝或杯裝。口感柔軟順滑，味道濃郁。

▲ 店外有個小窗口，不論外賣還是堂食也是在這裏點餐。

◀ 店內有售周邊產品，這個鎖匙扣很可愛。

CHAO 炒炒 新亞洲蔬食

純素台式鑊氣小炒

址 台北市大安區大安路一段 52 巷 21 號
時 平日 17:00~23:00，假日 11:30~14:30、17:00~23:00
交 捷運**忠孝復興站** 4 號出口步行約 5 分鐘

▶ 炒炒的裝修比一般熱炒店新潮有型，而且環境乾淨，圓櫈是熱炒店的標記。

▲ 我們點了清蒸鱈魚、清炒水蓮、上海菜飯、乾炒牛河、涼拌煙燻豆皮、糖醋鍋巴、鳳梨蝦球等，雖然部分菜名有肉的成分，但其實全是素食。

台灣很多餐廳都有素食選擇，唯獨是熱炒，有素食選項的餐廳少之又少。素食者想體驗地道台式熱炒，推薦必定要來「炒炒」！熱炒店類似香港大牌檔，供應多款鑊氣小炒，炒炒選擇超級多，共有 60 多道菜式，全部純素無蛋奶，大部分可去五辛（即走葱蒜），雖然是素食，但味道和賣相毫不失色！

▼找不到臭豆腐（NT$220），為甚麼會找不到臭豆腐呢？因為整磚臭豆腐被搗碎，與切碎了的油炸鬼拌在一起，鬆軟香脆兩重口感同時出現，喜歡臭豆腐的應該會很愛。

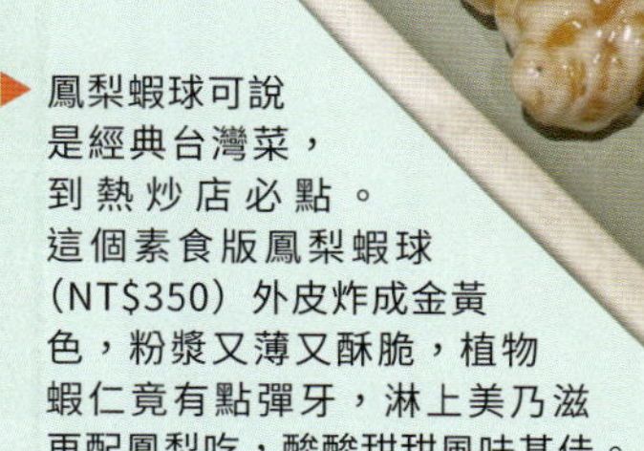

▶鳳梨蝦球可說是經典台灣菜，到熱炒店必點。這個素食版鳳梨蝦球（NT$350）外皮炸成金黃色，粉漿又薄又酥脆，植物蝦仁竟有點彈牙，淋上美乃滋再配鳳梨吃，酸酸甜甜風味甚佳。

▼糖醋鍋巴（NT$280），鍋巴炸得通透乾身不會油淋淋，蘸帶酸的糖醋醬吃十分開胃。

▶這碟黑胡椒鐵板牛柳（NT$280）讓大家驚嘆連連，調味和質感跟真正牛柳幾乎沒分別，不說完全不知道是素食。

▼清蒸鱈魚（NT$380），植物魚柳具纖維感，與鱈魚口感相似。蒸好後放上薑絲，淋上豉油和滾油，是好吃的家常味。台灣蒸魚會加入破布子，一顆小小的圓形果實，鹹中帶微澀，不妨試試看。

▲炒炒主張「無肉有酒的蔬食」，店內提供多種酒精飲品，如啤酒、燒酒、威士忌等。不喝酒也有廿幾款飲品可選，如冬瓜檸檬、果醋、酸梅湯等，也有無酒精啤酒。

▼酒水飲品放在雪櫃，需要就自取，最後才結賬計數。

無口小廚

Mukuchi Kitchen & Bar

讓素食者幸福的拉麵

址 台北市大同區環河北路一段 431 號
時 週二、四至日 12:00~15:00、17:00~20:00
休 週一、三
交 捷運**大橋頭站** 1 號出口步行約 5 分鐘

雖然不是素食者，但無口小廚可能是我最喜歡的素食餐廳之一。位於大稻埕的無口小廚，藏身於歷史紅磚建築內，主打全素拉麵，餐牌只有三張 A5 紙，選擇不多，但每樣都是用心烹製，堅持無肉、無蛋奶、無五辛。

曾在網上看過一個評論，指無口小廚讓吃素變得幸福，如果你也想體會這種感動，不妨親身來一遍，喝一啖精心熬煮的湯底，嚐一口創意十足的素叉燒，看看幸福感是不是悠然而生。

▶ 店內座位不多，人多時可能要坐戶外座位。

◀ 雪燕白湯川味擔擔（NT$240），用大量新鮮雪耳、炸菇、白蘿蔔、昆布等食材熬煮，然後加入燕麥奶和豆腐，湯底濃稠又濃郁。擔擔素肉燥慢慢滲出辣勁，提升了湯底的味道。

拉麵有兩款湯底：雪燕白湯及鹽味甘蔗湯，選好湯底後，可加入不同口味，如白味噌、青柚胡椒、川味擔擔、松露等，價格會稍有不同。

▲ 鹽味甘蔗湯經典原味（NT$220），以白甘蔗、烘乾番茄、大白菜、蘋果等蔬果熬煮，並添加乾炒海鹽和海藻鹽，湯底清爽不油膩。

▲ 拉麵的基本配料只有蔬菜及一塊豆腐，建議加點手工叉燒（NT$30 / 片）會更豐富。手工叉燒相當有驚喜，以麻糬模仿叉燒那層脂肪，很有創意！而叉燒肉則以豆、堅果、菇等混合製成。手工叉燒工序相當繁複，需要分三天共 24 小時才能完成。

▲ 麵條軟硬適中，水準正常發揮。

▼ 腰內豆腐排（NT$100）以多種堅果、有機毛豆仁、甜菜根、金菇、板豆腐製成，經高溫煎炸後外脆內嫩，鬆軟的豆腐扒中藏着切碎了的金菇，有多重口感，搭配七味粉很香口。

▲ 餐具、水杯、調味料等放在自助區，可自行拿取。

零味精、零添加物的健康意式蔬食

Miacucina 南西店

址 台北市中山區南京西路 12 號 2 樓（新光三越南西店一館 2 樓）
時 11:00~21:30
交 捷運**中山站** 2 號出口步行約 1 分鐘

Miacucina 是一間意式蔬食料理餐廳，主打「零味精、零添加物」。店名 Miacucina 是意大利文「我家廚房」的意思，店主希望每位來到的客人好像回到自己家吃飯一樣，能夠輕鬆愉快地用餐。

◀ Miacucina 在台北已經開了 6 間分店，分別在中山區、信義區、大安區、天母、內湖和新店，可見很受本地人歡迎。

三種起士烤番茄芝麻葉薄餅（NT$445）

薄餅皮都是手工製，又薄又酥脆。

松露野菇燉飯（轉奶蛋素）（NT$425）

松露味很香濃，飯粒口感適中。

菜式種類非常多，差不多有 80 款，有湯、前菜、沙律、蔬菜碗、主菜、燉飯、三文治、漢堡、薄餅、窩夫和甜品。飲品有 30 幾款，有咖啡、茶、果汁、奶昔、啤酒和餐酒等等，花多眼亂。餐牌有清楚列明菜式能否做全素、蛋奶素和 Vegan，滿足不同類型的素食者。

番茄醬麵（轉蛋奶素）(NT$455)

湯、前菜、沙律和意粉都加入了進口西班牙冷壓初榨橄欖油，意粉的醬汁都是自製的。

▲ 蛋糕可以先去櫃枱看清楚再點。

農夫素培根沙拉（轉蛋奶素）(NT$455)

Miacucina 嚴選新鮮蔬果與食材，並使用 O 3 殺菌活氧水清洗，這個沙律能看出食材十分天然新鮮。

千層茄子（NT$395）

用 Parmesan 和 Mozzarella 兩種芝士焗的千層茄子，茄子焗到半溶化，跟酸麵包很搭。

▲ 店外有不同種類的麵包可以選購。

著者
士多貓

責任編輯
蘇慧怡

裝幀設計
鍾啟善

排版
辛紅梅、鍾啟善

出版者
知出版社
香港北角英皇道 499 號北角工業大廈 20 樓
電話：2564 7511　　傳真：2565 5539
電郵：info@wanlibk.com
網址：http://www.wanlibk.com
http://www.facebook.com/wanlibk

發行者
香港聯合書刊物流有限公司
香港荃灣德士古道 220-248 號荃灣工業中心 16 樓
電話：2150 2100　　傳真：2407 3062
電郵：info@suplogistics.com.hk
網址：http://www.suplogistics.com.hk

承印者
美雅印刷製本有限公司
香港九龍觀塘榮業街 6 號海濱工業大廈 4 樓 A 室

出版日期
二〇二五年五月第一次印刷

規格
16 開（240 mm × 170 mm）

Published and printed in Hong Kong, China by Cognizance Publishing,
a division of Wan Li Book Company Limited.

ISBN 978-962-14-7584-8